Die Rückreise von Deutschland

Ein Brief, eine Reisebeschreibung und Gedanken zur Vergangenheit.

von
Kaspar Eduard Schech

Die Rückreise von Deutschland

Ein Brief, eine Reisebeschreibung und Gedanken zur Vergangenheit

von

Kaspar Eduard Schech

Die Rückreise von Deutschland – Ein Brief, eine Reisebeschreibung und Gedanken zur Vergangenheit. Von Kaspar Eduard Schech.

© Der Autor. Alle Rechte vorbehalten.

Umschlag: Schiffe und Kräne im Hafen von Rotterdam, gestaltet als ASCII-Grafik. © Der Autor.

Lektorat: Dr. Heike Wilde

Dieses Buch wurde mit LibreOffice gestaltet und in Sitka gesetzt.

Herstellung und Verlag:

BoD – Books on Demand, Norderstedt.

Juli 2019

ISBN: 9783743191808

Der Inhalt

Erklärungen zum Text..7
   Wie und warum dieser Text entstanden ist.....................7
   Die Einleitung...9
Der Anfang der Reise...11
   Kiel, Reisevorbereitungen und Erinnerung....................11
   Hamburg Hafen, August 2003..14
   Rotterdam, im Hafen...17
   Felixstowe (UK), im Hafen..25
   Unterwegs im Ärmelkanal, Kurs nach Süden.................27
Der Urlaub in Deutschland...31
   Berlin. Vergangenheit..32
   Berlin – der Osten der Stadt...35
   Berlin-Friederichshain...36
   Berlin – *Love-Parade*..38
   Kontrast: Berchtesgaden...42
   München..48
Atlantik...53
   Noch in der Biskaya, Richtung Süd.................................55
   Bücher, Reiselektüre..56
   Gibraltar, Kurs Ost...58
   Durchfahrt durch die Meerenge von Gibraltar...............60
Im Mittelmeer..63
   Vor der Küste Algeriens und später Tunesiens, Kurs Ost 64
   Südöstlich von Sizilien und später Malta, Kurs Ost........67
   Im Mittelmeer, südlich von Kreta....................................68
Erinnerungen an Deutschland...71
   Sommerfest..74
   Heimatstadt...75

Suezkanal und Rotes Meer..83
   Nördlich von Alexandria, Anfahrt nach *Port Said*..........83
   Reiselektüre, drittes Buch..85
   Im Suez Kanal, Fahrtrichtung Süden...........................86
   Vom Golf von Suez zum Roten Meer, Kurs Süd..............90
   Durchfahrt durch das Rote Meer...................................92
   Im Roten Meer in Breite Sudan, Kurs Süd....................93
   Im Golf von Aden, Kurs Ost...95
   Nördlich der Insel Socotra (Jemen), Indischer Ozean, Kurs Ost..96

Heimweh?..99
   Indischer Ozean, noch tausend Meilen bis Sri Lanka, Kurs Ost..100
   Im Indischen Ozean, Acht-Grad-Kanal, noch 400 Meilen bis Colombo, Kurs Ost...100
   Dondra Head, Sri Lanka, unterwegs weiter in Richtung Osten..101
   Andaman Sea, West von Sumatra, Kurs Ost................102
   Malacca Straße zwischen Sumatra und Malaysia, Kurs Südost..104

Angekommen – aber noch nicht zu Hause.......................107
   Singapur, Hafen, Hotel...107

Nachbetrachtung..109

Erklärungen zum Text

Wie und warum dieser Text entstanden ist

Ich habe diesen Text ursprünglich auf der Heimreise von einem langen Urlaub mit meiner indonesischen Frau in Deutschland geschrieben. Die erste Fassung entstand während der Seereise von Hamburg nach Singapur im Jahre 2003, zunächst als Brief, den ich dann an Freunde und Verwandte verteilt habe. Der Urlaub war in gewisser Weise eine Besichtigung Deutschlands, der Blick auf ein Land, in dem ich früher gelebt habe, jetzt aus der Sicht eines Beinahe-Emigranten.

Es zeigte sich im Laufe der Seereise und während ich den Brief tagebuchartig in meinen Laptop tippte, dass dieser gerade zurückliegende Urlaub, von dem ich aus Deutschland nach Indonesien zurücksegelte, eine Reise in meine eigene Vergangenheit und zu meinen Wurzeln darstellte. Einige Orte sah ich nach Jahrzehnten wieder, woraus sich ein – gelegentlich – emotionaler Rückblick ergibt. Deshalb springt der nachfolgende Brief zwischen Beobachtungen während der Seereise und Erinnerungen an den gerade vergangenen Urlaub und Bezüge aus viel früherer Zeit hin und her.

Die Heimfahrt mit einem Frachter, eine wochenlange Seefahrt, war lange geplant, doch nie zuvor ergab sich die passende Gelegenheit. Ich hatte bestimmt zwei oder drei Jahre Kontakt zu der Reiseagentur, stets ohne einen konkreten Termin. Erst im Sommer 2003 ergab sich die seltene Situation, in der ich sowohl genug Geld[1] als auch Zeit für dieses Unterfangen hatte – eine Konstellation, die im Beruf eines freischaffenden Geologen höchst selten auftritt. Die Entscheidung, nach dem gemeinsamen Urlaub mit meiner Frau dann doch alleine auf einem Frachter nach Hause, nach Jakarta zu reisen, fiel spontan (das Flugticket war längst gekauft, bezahlt und bestätigt), nur zwei Wochen vor Abfahrt.

Ich habe mir bei dieser Nachbearbeitung des ursprünglichen Briefes die Freiheit genommen, den alten Text um Einzelheiten zu erweitern, die dem Leser zum besseren Verständnis und zur Unterhaltung dienen sollen.

---

[1] Gleich am Anfang die Antwort auf die Frage: „Was kostet so was?" – Der Fahrpreis für die Überfahrt berechnet sich nach Tagen auf See (wie im Hotel), dabei kommt in diesem Fall etwa so viel zusammen wie ein Erste-Klasse-Flug auf der gleichen Strecke.

Der Auslöser, diese Reisebeschreibung nach eineinhalb Jahrzehnten nochmals zu überarbeiten, entstand im Verlauf der Korrespondenz mit einer freundlichen Dame, die einst als Kapitänsfrau auch zur See gefahren war und die mich zur Veröffentlichung ermutigt hat.

Die Einleitung

Dieser Brief beschreibt einen Urlaub in Deutschland im Jahre 2003, damals nach fünf Jahren in Jakarta, Erfahrungen und Erinnerungen und die lange Rückreise aus Deutschland auf einem Frachter von Hamburg nach Singapur und letztendlich wieder nach Hause, nach Jakarta, wo ich seit fast zwanzig Jahren arbeitete, lebte und glaubte, ein zu Hause gefunden zu haben. Viele Beobachtungen und Kommentare kommen aus der Sicht eines Auslandsdeutschen, – wennngleich auch nicht eines Emigranten – und eines Besuchers, der Deutschland nur alle paar Jahre sieht, wie im Zeitraffer-Film.

Dieser Urlaub, zu dem mich meine indonesische Frau in Deutschland begleitete, war lange erwartet, geplant und ersehnt. In die Planung eingeflossen waren der Besuch der *Love-Parade* in Berlin, Zusammenkunft mit Verwandtschaft, meinen erwachsenen Kindern und – speziell für meine Frau – ein repräsentativer Querschnitt durch Deutschland und das, was Deutschland ausmacht. Es war ein Versuch.

Ich bitte mir, meine zuweilen antiquierte Ausdrucksweise, Fehler in Rechtschreibung und Interpunktion nachzusehen, die sich nach Mühen nach dem richtet, was ich einmal gelernt habe[2]. Seither ist eine Rechtschreibreform durch das deutsche Land und seine Schulen getrieben worden, die mich nur noch weiter verunsichert hat. Man möge mir es – bitte – nachsehen und in Betracht ziehen, dass ich die letzten zwanzig Jahre kaum Deutsch gesprochen und noch viel weniger geschrieben habe.

Dieser Brief, eine Zusammenfassung mit Kommentaren, sollte eigentlich der Reihe nach von unseren Erlebnissen erzählen. Es ergab sich aber, dass ich beim Aufschreiben der Ferienereignisse an viele Einzelheiten aus meiner Vergangenheit erinnert wurde, denn dieser Urlaub, war – wie ich jetzt merke – eine Reise in frühere Zeiten meines Lebens. Während der Niederschrift erwies es sich als praktisch, den neuen Begebenheiten alte Erinnerungen gegenüberzustellen.

Ich habe den strengen Ratschlag meiner Tante in Berlin nicht befolgt „unter gar keinen Umständen mit dem Schiff zu reisen", denn es sei sehr gefährlich, meinte sie. Mehr zu Terroristen und Piraten weiter unten im Text. Speziell für alle Zweifler am Sinn von Schiffsreisen, ja schlimmer noch von Frachterreisen, breite ich die Erzählung der seebedingten Beobachtungen und Gedanken in aller Ausführlichkeit aus, um Euch an meiner Reise so viel wie möglich teilhaben zu lassen und – auch das ist wichtig – Euch davon zu überzeugen, dass eine Seereise kein anachronistisches Absurdum ist, sondern eine interessante und im Wesentlichen angenehme Erfahrung. Vielleicht wird es Euch beim Lesen auch klarer, dass ich diese Reise einfach machen *musste*.

---

[2] Dieser jetzt hier vorliegende Text ist allerdings doch von einem Rechtschreibprogramm verbessert und dann noch einmal von einem professionellen Korrektorat durchgesehen worden.

Der Anfang der Reise

Kiel, Reisevorbereitungen und Erinnerung

Auch hier wieder ein anderes Stück der Reise mit ‚damals'-Aspekten. Mein erster und bisher einziger Besuch in Kiel war vor dreißig Jahren, damals mit meiner ersten großen Geologenexkursion, die mich über Zementfabriken in der Oberkreide, den Mannsfelder Kupferschiefer und geologischen Wattwanderungen nach Fehmarn führte, wo diese Exkursion bei sonnenglühender Sommerhitze und nach Besichtigung irgendwelcher fossiler Kakerlaken mit einem erfrischenden Bad in der Ostsee endete. Kein Wunder also, dass ich Kiel und seine Umgebung in guter und angenehmer Erinnerung hatte. Nun, obwohl ich vieles Schöne und Angenehme in diesem Reiseabschnitt erlebte, muss ich doch gleich sagen, wie sehr mich die Erinnerung trog: Das einst so freundlich erinnerte Stadtbild ist, bei diesem zweiten Hinsehen, doch wirklich nur Nachkriegsarchitektur von seiner grauesten Seite, klotzige Backsteinbauten, die einen schon im Sommer den kalten Wind durch die Jacke fühlen lassen, und Betonstrukturen in Form von Brücken und Anderem aus den sechziger Jahren. Nichts wirklich, was einen in ästhetische Verzückung geraten ließe. Selbst der Ausblick auf die Förde ist schwer beeinträchtigt durch Kais und Industrieanlagen. Schade drum. Wenigstens ist der Ostseestrand anderswo noch nicht verbaut.

Trotzdem war meine Zeit in Kiel schön, wert jede Stunde, und auch diesmal waren die sichtbaren Höhepunkte die Bäder in der kalten Ostsee. Um es der Reihe nach zu erzählen: Mein Sohn holte mich vom Bahnhof ab (so wie vor Wochen auch am Bahnhof in Berlin) und fuhr mich mit seinem Auto (dies meine erste Autofahrt mit meinem Sohn am Volant) nach Hohenfelde, wo seine Mutter ein winziges, aber wohnliches Häuschen hat. Hohenfelde ist ein unglaublich winziges Dorf, dessen wichtigster Vorzug darin besteht, ganz nah am Strand der Ostsee zu liegen. So ist es leicht möglich, zum Morgen- oder zum Abendspaziergang, noch einen Gang zum Meer, Wind und Wellen zu unternehmen. Das taten wir, oft und mit Begeisterung, je nach Außentemperatur, um zu baden, zu sonnen, um Steinchen zu sammeln, oder nur einfach zu gucken, was denn so gerade in oder über dem Meer passiert. Die drei (oder vier, wenn man den Hund mitrechnet) gaben mir kleine Arbeiten (Hütte anstreichen), so dass nach jeder gemeinsamen Aktivität meine Spannung zunehmend von innerer Ruhe ersetzt wurde.

Gleichermaßen erfreulich, überraschend und interessant im Verlauf war meine Begegnung mit meinem ex-Schwager (der kleine Bruder meiner ex-Frau), erstmals nach über zwanzig Jahren, wobei ich feststellen musste, dass ich ganz vergessen hatte, dass ich dereinst mal sein Trauzeuge gewesen war. Jetzt also mein geschiedener Trauzeuge. Der ex-Schwager hat sich eine eigene Firma aufgebaut und bastelt medizinische Geräte, die bei der Reha helfen sollen und die er selbst entwickelt hat. Die Apparaturen verkaufen sich nach der schwierigen Anfangsphase inzwischen gut. Jedenfalls hat er alle wirtschaftlichen Sorgen ein gutes Stück hinter sich gelassen und lässt sich in seinem neuen, viel zu großen Auto bewundern, mit dem er samt Frau und Kindern angereist war. Ich erinnere mich, dass er es in der Schule wirklich schwer hatte (im Wesentlichen wegen äußerer Umstände), und frage mich, ob er diesen beruflich-wirtschaftlichen *sweet-spot* und Erfolg, trotz oder gerade deswegen erreicht hat. Beachtlich ist es in jedem Falle.

Sommer an der Ostsee! Die Gartenhütte war nach dem Anstrich endlich getrocknet und roch gar nicht mehr toxisch, ein warmer Abend nach einem heißen Tag, wir aßen und tranken draußen, Wein, Bier und Bärwurz, Kinder schliefen im Garten. Eben ein richtiger Sommer. Auch in der Stadt Kiel, so sahen wir an einem Abend, liefen abends die Stadtmenschen zu Tausenden zusammen, um einen Biergarten im Park zu besuchen. Nicht weit davon und auf der freien Wiese: Grillgerüche, Zwei- und Vierbeiner, die miteinander spielen, Sommer.

Ein anderer Tag, wieder ein heißer Sommertag in diesem Jahr, war eine Einkaufstour, um Reisenotwendigkeiten wie Batterien, Seereiselektüre und ein Fernglas für mich für die Heimreise nach Jakarta zu erstehen, sowie die Zutaten, alles Mögliche und Unmögliche, für neun Pizzabeläge, die wir abends essen wollten, zusammenzutragen. So belanglos diese Einkaufstour auch gewesen sein mag, ich habe mich selten an einem schnöden Einkaufstag so schön geführt, begleitet und unterhalten gefühlt wie an diesem unbeschwerten Tag mit meinen Kindern. Ich werde mich lange an diesen Tag in der Fußgängerzone in Kiel (die ersten verkehrsfreie Innenstadt Deutschlands!) erinnern. Und so kommt es, dass ich Kiel trotz seiner Nachkriegs- und Backsteinhäßlichkeit wieder in guter Erinnerung habe.

Kurz zum Ende und weiter ins Meer: Kiel, Abschied, mit dem Zug nach Hamburg, Containerhafen, Schiff suchen, und dann Abreise, Rückreise, Weiterreise, Heimreise – was denn eigentlich genau?

Hamburg Hafen, August 2003

Wegen der Aufregung – denn man macht solche Reisen nicht oft – war ich viel zu früh dran. Die Agentin des Reisebüros für Frachterreisen, die mich immer gut betreut hatte, riet mir, mich gegen zehn Uhr morgens auf dem Schiff zu melden. Ihre klaren Anweisungen: „Nehmen Sie ein Taxi und fahren sie zum Burchardkai.

Der Anfang der Reise

Dort melden Sie sich und sagen, dass Sie Passagier für die Punjab Senator sind". Mit dem Zug von Kiel kommend nahm ich ab Hamburg-Hauptbahnhof ein Taxi. Der Taxifahrer aus Syrien war erfreulich ortskundig. Der Burchardkai, wo die Containerschiffe warten, allerdings war ganz anders, als ich es mir – bekennende Landratte – vorgestellt hatte. Kein Gewusel von Piraten, Ballen von Tabak und Säcken von Kaffee, nein, eine sterile Industrieanlage. Gesicherter Eingang. „Wo wollen Sie hin?", wurde ich durch dickes Panzerglas hindurch gefragt. Ich sagte mein Sprüchlein vom Passagier auf, der zu seinem Schiff will. „Warten Sie. Haben Sie einen Ausweis oder einen Pass?" Nach einer Weile, einer halben Stunde des Wartens, kam ein Bus, groß wie ein Stadtlinienbus, um mich, einziger Mensch in der Wartehalle, abzuholen. „Ich fahre Sie zur Senator, richtig?"

Am Schiff – „Passen Sie auf mit den Kränen! Nicht über die gelben Linien treten!", wurde ich freundlich von einem der dunkelhäutigen Seeleute empfangen, der mich flugs über die lange Aluleiter in ein Büro im Bauch des Schiffes führte. – „Grüß' Gott, ich bin Ihr Passagier bis Singapur", stellte ich mich vor. Die Leute, nautische Offiziere, wie ich später erfuhr, die mit Verwaltung und Formularen beschäftigt waren, sahen kurz von ihrer Arbeit auf. Hatte ich mich besser mit „Moin, moin" vorstellen sollen, anstatt mich als Bayer zu outen? Man hatte mich erwartet. Sie nahmen meinen Pass und mein gelbes Impfbuch entgegen. Sie blätterten darin; seitenweise indonesische Visa und ein Stempel aus Vietnam im Pass und dann die arabische Übersetzung meiner Impfungen (aus der Zeit als ich in Libyen arbeitete), riefen ein verhaltenes „Aha" hervor. Ich wurde akzeptiert als jemand, der schon ein bisschen etwas von dieser Welt gesehen hatte. Wenigstens kein Hippie oder Journalist, dachten sie wohl.

Ich wurde in meine Kabine geleitet, eine Suite aus Wohn- und Schlafzimmer, die ich später noch beschreiben werde. „Wir fahren um fünfzehn Uhr. Die Messe ist unten auf dem A-Deck, Mittagessen gibt es um zwölf Uhr." Klare Anweisungen vom ‚*master mariner*', das stand auf seiner Karte. Fünf Stunden Zeit, um auszupacken, meine Sachen im Zimmer und über den Schreibtisch zu verteilen, den Laptop anzuschließen.

Nach dem Mittagessen saß ich noch in der Messe und schwatzte mit den anderen beiden Passagieren, als der ‚*master*' seinen Kopf zur Tür hereinsteckte: „Wir fahren gleich los, ich warte nur noch auf die Ladeliste." Minuten später hatte er eine Computer-CD in der Hand, und meinte „es kann jetzt losgehen" und praktisch im gleichen Moment bewegte sich die Kaimauer langsam vor unserem Fenster. Genau fünfzehn Uhr. So geht Seefahrt. – Zeit, die Hafenmanöver vom Deck aus zu beobachten.

Es war inzwischen Nacht geworden und ich hatte das Abendessen verpasst. Ich stand immer noch an Deck, um alles ganz genau zu beobachten. Die Hafenschlepper hatten ihre Schieb- und Zieharbeit erledigt und wir dampften mit eigener Kraft die Elbe flussabwärts zum ‚richtigen' Meer Ziel Singapur, zunächst aber an Hamburger Landmarken vorbei, den Landungsbrücken, dem Fischmarkt, es wurde kühl vom Fahrtwind. Nicht weit nach Finkenwerder war die Kälte stärker als meine Neugier und ich zog mich in meine Kabine zurück. Dort schickte ich noch eine Kurznachricht an meine Schiffsreisenagentin („*I am sailing*"), damit sie wusste, dass ich das Schiff nicht verpasst hatte. Die Frau hatte sich gut um mich gekümmert, denn anders als bei Flugreisen waren außer den üblichen Visa noch andere Dokumente zu besorgen und vorzulegen. Für die Passage durch den Suezkanal zum Beispiel, ist eine frische Impfung gegen Gelbfieber vorgeschrieben. Das hatte ich noch in Jakarta erledigt. Weiter braucht man eine Versicherung, falls man unterwegs krank würde und das Schiff deshalb außerplanmäßig einen Hafen anlaufen müsste. Ich denke an meinen kaputten Weisheitszahn, den ich noch nicht versorgt habe. Später erfuhr ich, dass einer der nautischen Offiziere medizinische Erste Hilfe leisten könne und auch Zahnarztwerkzeug im Schrank hätte. Danke, das muss nicht sein. Ältere Passagiere müssen auch noch ein Attest vorlegen, dass sie gesund und selbständig genug sind und während der Reise keine Hilfe brauchen.

Rotterdam, im Hafen

Ich bin seit zwei Tagen auf dem Frachter MV Punjab Senator, einem modernen Containerfrachter unter deutscher Flagge, zusammengeschweißt im Jahre 1997 in Korea, 53.324 Tonnen dick, 294,12 Meter lang, 12 Meter Tiefgang, 32,20 Meter breit, 55.800 Pferdestärken kräftig, über viertausend Container an Bord – und was da der anderen beeindruckenden, aber letztendlich doch unwichtigen Zahlen noch mehr sein mag. Die Punjab Senator ist groß (einmal um das Schiff herum zu laufen ist fast genauso weit wie einmal um ein Fußballfeld herum), aber nicht die größte, denn seit heute Morgen

‚parkt' an der Pier neben uns ein noch größeres ‚Schiffle'
(unterfränkischer *slang*) der Firma Maersk aus Dänemark. Ich werde belehrt, dass dieses ein Schiff der neuen
Superklasse sei. Noch mehr Container, noch mehr Ware,
noch mehr Globalisierung.

Die Reederei der Punjab Senator ist die Firma F.
Laeisz und sitzt in Rostock. Es ist übrigens die gleiche
Reederei, die einstmals so berühmte Schiffe wie die viermastige Passat und die Pamir[3] betrieb und die heute auch
noch schwimmende Exotika wie ein Polarforschungschiff
bereedert. Die Mannschaften der Punjab Senator kommen aus Kiribati oder Tuvalu[4], und die meisten der
Offiziere wohl auch aus Rostock, Mecklenburg-Vorpommern oder Sachsen und haben einen streng ostdeutschen Zungenschlag, der zeitweilig – besonders auf
See – fast lustig klingt („*Dom aufde Bricke*"). Ein Russe
segelt als Zweiter Offizier.

Ich habe eine Riesenkabine mit Teppichboden, Kühlschrank und mit einem plastik-immergrünen Bäumchen,
das gegen Seegang und Umfallen gesichert ist und
werksseitig eine Angabe des botanischen Namens auf
einem Zettelchen um den Stamm trägt: *Ficus sp.*, Produktnummer 532, 1,8 m groß. Das Gewächs braucht kein
Licht, ich muss es nicht gießen und es wird dafür auch
nicht wachsen. Drei Fenster geben mir Ausblick nach

---

[3] Die Passat, einst stolzer Viermaster fristet jetzt ein Rentnerleben als Museumsschiff in Lübeck-Travemünde. Die Pamir ist 1957 unter ungeklärten Umständen im Südatlantik gesunken.

[4] Kiribati und Tuvalu sind zwei mikronesische Inselstaaten, genau am Äquator gelegen, nordöstlich der Solomonen und östlich der Karolinen. Die Länder waren britische Kolonien und sind seit etwa 1981 unabhängig. Eine deutsche Seefahrtschule sorgt dort seit vielen Jahren für Nachschub mit gut ausgebildeten Seeleuten.

außen, zwei nach hinten (Horizont und Container sichtbar) und eines zur Seite (nur Horizont und gelegentlich Schiffe).

Weiter steht da, auch festgezurrt gegen Seegang, aller möglicher elektronischer Radio-TV-Schnickschnack, der sowieso keinen Sinn hat, da ich selbst im Hafen von Rotterdam kein Fernsehsignal bekomme. Die Kabine ist größer als manches Hotelzimmer, das ich früher manchmal bevölkert habe, erklärt aber auch den horrenden Preis für die Überfahrt.

Vom Zimmer abgetrennt ist mein Schlafraum und dahinter liegt die Nasszelle mit Dusche, Waschbecken und Spiegel. Der Spiegel deutet mir an, dass man sich auch auf einer Seereise besser rasiert und die Zeit abseits der landgehenden Menschheit nicht dazu missbrauchen sollte, um einen Bart oder Schnauzer wachsen zu lassen. Hinsichtlich der Dusche werde ich von den nautisch geschulten Menschen darauf aufmerksam gemacht, dass das Abflussloch der Dusche in mariner Terminologie als Speigatt bezeichnet wird, was aber nichts mit gelegentlicher Seekrankheit und deren Folgen zu tun hätte, sagten sie.

Es gibt straff geregelte Essenszeiten, aber außerhalb der Mahlzeiten keine Plätzchen, Sandwiches, Snacks oder *coffee time*, wie ich es von den *Offshore*[5]-Anlagen her gewohnt war, wo es auch kaum etwas ausgemacht hatte,

---

[5] Ich kann es mir hier, wie auch später in der Beschreibung, nicht verkneifen, meine neuen Beobachtungen auf dieser Seereise, mit meiner alten Offshore-Plattform Zeit als Wellsite-Geologe in Zusammenhang stellen. Das Umfeld ist in vieler Weise ähnlich, doch Gegensätze bestehen.

wenn man mal wieder ein Frühstück versäumt. Ein Mitternachtsessen, wie auf den Öl-Rigs gibt es hier auch nicht.

Meine Mitreisenden, die andere Lebendfracht also, sind drei ältere Herren. Der netteste (Blasenleiden, 75 Jahre) der Senioren kommt aus Kalifornien. Er war einmal in der amerikanischen Kriegsmarine und im 2. Weltkrieg im Pazifik, was seine Affinität zur Seefahrt erklären könnte. Später wurde er Dozent für Fotografie und kannte Anselm Adams, den größten Naturfotografen aller Zeiten, persönlich. Sein Grund für die Reise war ein kleiner, aber überraschender Geldeingang aus einer Erbschaft, den er – anstatt das Geld für die täglichen Notwendigkeiten auszugeben – in eine erinnerungswerte Reise ummünzen wollte. Ich kann leider nicht aus ihm heraushören, ob er denn mit seinem Entschluss zufrieden war. Leider geht er morgen in England von Bord. Die Gespräche mit ihm waren vielseitig, ergiebig und unterhaltsam und ich hätte gerne mehr von ihm erfahren. Der zweite Mitreisende ist aus Luxemburg (78 Jahre alt, Beinleiden), lebt jetzt in Berlin und spricht viel Französisch (auch ungefragt und alleine) aber wenig Englisch. Wegen seines Leidens braucht er beide Hände, um die engen Treppen (meist zum Essen) hinunter- und hinaufzukrabbeln. Also trägt er seine Tageslektüre und andere Siebensachen in einem Aldi-Stofftäschchen wie ein Lätzchen um den Hals, Aufdruck: „Rehaklinik Malente e.V.". Der Luxemburger ist etwas schwerhörig und zudem (oder deswegen?) sehr rechthaberisch, hat es aber arrangieren können, in Rotterdam ein Kistchen Rotwein ans Schiff geliefert zu bekommen. Er fährt die ganze Reise, d. h. von

Hamburg nach USA, Ostküste, dann wieder über Hamburg (wo ich gestern zustieg), dann noch weiter über Singapur nach Japan, dann über den Pazifik bis San Francisco und wieder den ganzen langen Weg zurück nach Hamburg, zweiundachtzig Tage oder noch länger. Offensichtlich hat er sowohl genug Geld als auch Zeit. Ich glaube, dass der arme Opa einsam ist und hier an Bord die Unterhaltung findet, die er in der Reha nicht hatte. Trotzdem Tisch lässt er sich bei Tisch nur kurz sehen und geriert sich auch sonst recht unzugänglich. Angeblich werkelt er an den Trimmgeräten auf dem C-Deck, so behauptet er zumindest, aber ich spekuliere, dass er alleine in seiner Kabine sitzt und Rotwein säuft und wartet, bis wieder Essenszeit ist. Später auf der Reise lässt er durchblicken, dass er mal Lehrer für Buchhaltung oder Ähnliches in Algerien gewesen war.

Der dritte Herr Passagier ist ein pensionierter Boss einer bekannten Chemiefirma und lebte auch mal ein paar Jahre in Jakarta, sodass sich schnell Berührungspunkte finden, die aber auch genauso schnell wieder abgehakt werden können. Ich weiß nicht, ob er ein Leiden hat, zumindest hat er eine Frau, denn diese war in Hamburg kurz an Bord, zwecks Unterhaltung, möchte ich annehmen. Es zeigt sich später, dass er schon dutzende monatelanger Seereisen hinter sich gebracht hat und derer noch mehr plant. Darüber hinaus benutzt er geschickt nautische Terminologie, besitzt einen gültigen Segelschein und scheint sowieso ganz auf dem Wasser zu Hause zu sein oder sein zu wollen.

Die Seeleute, die Profis an Bord, lassen durchblicken, dass sie den Zweck meiner Reise gerade noch einsehen, also um von A (=Hamburg) nach B (=Singapur) zu kommen, aber die anderen Rundreisepassagiere kaum verstehen, die da absichtlich und völlig freiwillig viel Zeit auf einem Schiff zubringen wollen. Noch weniger verständlich, wenn sie die nicht geringen Kosten einer solchen Rundreise in Betracht ziehen (einer der Offiziere: „…würde ich lieber in mein Häuschen in Mecklenburg, am See, verbauen").

Bei Tisch in der Offiziersmesse auf dem A-Deck, blütenweiße Tischdecken, Porzellan mit kobaltblauem Reederei-Logo, wird Konversation gemacht und dazu brav Butter oder Salz über den Tisch gereicht und „Appetit" gewünscht, kurz: man benimmt sich oder versucht es wenigstens. Denn man macht zum Beispiel seinen Toast nicht selbst, wie ich es meinen Öl-Rig-Zeiten kannte, sondern beordert den Steward dazu, auch wenn der elektrische Toaster nur zwei Schritte neben dem Tisch steht. Man hat hier Bedienstete. Solche Knigge-schen Feinheiten sind mir aus meiner Offshore friß-oder-stirb-Zeit nicht vertraut.

Auch hier ist es wichtig, auf die Hierarchie zu achten – so man sie denn kennt. In der Messe stehen vier Tische, nennen wir sie mal eins bis vier. Tisch vier, links von der Eingangstür, bleibt immer leer. Tisch eins ist für den Kapitän (wenn er da ist), seinen ersten nautischen Offizier und den Maschinisten. Ihnen gemein ist der ostdeutsch-sächsisch-Rostocker Zungenschlag. Der gut informierte Reisende setzt sich nur auf Einladung an diesen Tisch („Kommen Sie doch zu uns rüber!"). Der zweite

Tisch ist für die Passagiere, nur für Passagiere, denn alle Anderen, niedrigere Offiziere, Besuch im Hafen, setzen sich brav an den dritten Tisch in der Messe. So und nur so hat alles seine Ordnung.

Den Kapitän habe ich noch nicht getroffen, man sagt, dass er morgen, wenn die Hafenangelegenheiten endlich geregelt sind, den Plebs, den Passagieren, in Erscheinung treten wird. Das ist auch insofern wichtig, da dieser Kapitän meinen Pass und meine Impfpapiere besitzt und irgendwo auf diesem großen Schiff – hoffentlich sicher – aufbewahrt.

Womit wir bei den Kistchen und Kästchen wären, von denen angeblich über viertausend auf dem Schiff gestapelt sind. Container, die dann im Hafen mit großem Lärm erst mal wieder abgestapelt werden, um sie dann auch gleich wieder aufzuladen, teils in gleicher, teils aber in anderer Reihenfolge. Vier Kräne sind damit beschäftigt, die Container durchzumischen, vielleicht, weil jemand einen Dosenöffner aus dem untersten Container braucht. Der Sinn und die Logik dieser hin- und herstapelei ist mir nicht klar, aber vom Computer so vorgegeben. Da hier in Rotterdam alles vollautomatisch passiert, kann ich auch niemanden fragen. Ja, ich weiß, die Beladung eines Frachters ist eine Wissenschaft und hat mit Stabilität zu tun. Die schweren Boxen kommen nach unten, die leeren, leichten Container (es sind mehr leere Container unterwegs nach Asien als auf dem Rückweg nach Europa), die leeren kommen obenauf. Gefahrgut wird vorne geladen, damit explodierende Kisten (ja, das ist auch schon passiert) die Mannschaft in ihren Kabinen nicht gefährden. Die gekühlten Container werden an die bordeigene Stromversorgung angeschlossen und täglich kontrolliert. Ich stelle mir vor, wie da tonnenweise Käse aus Frankreich nach Korea oder Taiwan verschifft wird. Was sonst sollte in den gekühlten Kisten sein? Sicher keine Bananen.

Vollautomatischer Betrieb bedeutet, dass die Portalkräne im Lager und die vielen Zubringerfahrzeuge computergesteuert und ohne jede Besatzung auf dem Kai herumfahren wie eine Märklineisenbahn. Es ist verständlich, dass es Menschen, Passagieren sowieso, nicht erlaubt ist, in diesem Getümmel der Lastwagen frei herumzulaufen. Nur die Kranführer (normale, lebende Menschen) sorgen in der Höhe ihrer Arbeitskanzeln dafür, dass die Kisten proper auf unser Schiff gestapelt werden und dabei schön laut zusammenkrachen – man wüsste ja sonst nicht, dass das hier eigentlich Arbeit ist. In den letzten Tagen habe ich mehr Container gesehen und in meiner naiven Neugier fotografiert als ich mir jemals erträumt hätte. Soweit zu den Kisten. Es bleibt für mich immer noch die staunende Faszination, dass diese Kisten tatsächlich dort ankommen, wo sie auf dieser Welt hin sollen, zum Beispiel nach Taiwan und andere solche Gegenden, die Kisten mögen. Ich lerne auch mit Erstaunen, dass nicht alle Container gleich groß sind: manche sind etwa zwanzig Zentimeter höher, was die Stapelei anspruchsvoller oder umständlicher macht. Ich sehe jedenfalls keinen Sinn darin, diese genormten und standardisierten Behältnisse alle gleich zu bauen und dann doch wieder eine Serie, die eben nicht gleich ist. Vielleicht erfahre ich eines Tages einen guten Grund dafür, dass alle gleich sind, manche aber besonders gleich.

Hafenausfahrt aus Rotterdam. Vollmond. Eine unglaublich komplizierte Ansammlung von bunten Lichtern, nebensächliche wie wichtige, die da durcheinander leuchten und blinken. Trotzdem war die Ausfahrt aus dem Hamburger Hafen (auch bei Nacht) und durch die Elbmündung wesentlich imposanter, länger und – weil es das beginnende Ende meiner Urlaubsreise war – wesentlich emotionsreicher; denn dem vorausgegangen waren viele Abschiede, die mir sehr schwer gefallen waren. Eine Stunde außerhalb des Rotterdamer Hafens ist der Nebel weg und unser Frachter fängt an, sachte zu rollen, gerade genug, dass man es nicht mehr übersehen oder genauer überfühlen mag (und wenn ich in meinen Laptop gucke, sachte vor und zurück). Noch einen Schluck Kaffee und ab in das Doppelbett, das hier, weil es auf dem Schiff halt so ist, Koje bezeichnet wird.

Ab morgen, wenn wir den Zollbereich verlassen haben, wird der schiffseigene Schnapsladen aufgemacht, wo es außer Dosenbier aus Rostock auch anständige Sachen geben soll; nach vorliegender Liste: Schnaps und Ritter-Sport. Ich hoffe allerdings, dass die weiteren Abschnitte dieses Briefes nicht meinen seebedingten Alkoholkonsum widerspiegeln werden.

Felixstowe (UK), im Hafen

Gerade mal zwei Tage auf dem Schiff und schon komme ich mit dem Datum aus der Reihe, Montag oder Dienstag, das ist hier die Frage. Außerdem habe ich gestern erfahren, dass die schiffs- und ortsspezifische Uhrzeit alle Weile umgestellt wird, um sich an die verschiedenen Zeit-Zonen dieser Welt anzupassen. Das ist eigentlich nur wichtig, wenn es um die Essenszeiten geht, denn man will ja – um Gottes willen – nicht das Frühstück verpassen; unvorstellbar in seiner Grausamkeit: Ein Tag auf dem weiten einsamen Meer oder im Hafen – und keinen Kaffee am Morgen.

Der Hafen von Felixstowe, Suffolk, nördlich von London, ist der wichtigste Containerhafen in Großbritannien und der fünftgrößte in der ganzen Welt – und ich habe noch nie davon gehört. Die Einfahrt zum Hafen wird von einem alten Fort, das nach Weltkrieg aussieht, bewacht und die meisten Schiffe, die ich kommen und wegfahren sehe, sind Fähren, die Passagiere nach Holland, Rotterdam und andere Häfen auf den Kontinent bringen. So kann der Reisende von Europa nach Großbritannien wählen, ob er stundenlang in der finsteren Röhre des Kanaltunnels über seine Zukunft nachdenken will, oder ob er lieber seine Zeit damit verbringen möchte, an Deck einer dieser Fähren seine aufkommende Seekrankheit zu unterdrücken.

Es soll einen Bahnhof am Hafen geben und damit die Möglichkeit, die Umgebung zu erkunden. Allerdings sind die Liegezeiten dieser modernen Containerclipper knapp bemessen, sechs, acht Stunden im Hafen reichen, um alle Kisten durcheinander zu bringen und wieder auf das wartende Schiff zu stellen. Ich fand die Zeit zu kurz, um etwas an Land zu unternehmen und das Risiko zu groß, die Abfahrt der Senator zu verpassen.

Ich stehe gerade mit dem oberschlauen nautischen Passagier an Deck, während er mir umständlich erklärt, dass man im Seemannsheim (das wahrscheinlich nur für ‚richtige' Seeleute, aber nicht für Passagiere ohne Papiere offenstand), wahrscheinlich telefonieren könne. Man müsse nur erst mit dem Bus am Kai entlangfahren, dann kontinentale Euro in Britische Pfund umtauschen und damit eine englische Telefonkarte kaufen, dann könnte man vielleicht von einem öffentlichen Gerät billig telefonieren. Genau in diesem Moment kam ein Anruf eines Freundes und Geologenkollegen auf meinem Handy in der Hosentasche. Ein Engländer, der wie ich in Jakarta gelebt und gearbeitet hatte, *"Where are you?"*, früher fragte man immer: „Wie geht's?" – „Ja ich fahre gerade in den Hafen von Felixstowe ein". Er rief aus Prag an, wo er mit seiner Tochter Urlaub machte.

Es ist schon toll, wie man heute in der ganzen Welt erreichbar sein kann, so einfach und das sogar ohne Telefonkarten aus dem britischen Empire. Wir müssen nur ganz genau aufpassen, dass die kommenden Hitlers dieser Welt diese digitalen Möglichkeiten nicht gegen uns umdrehen und damit jeden Einzelnen und die ganze Welt kontrollieren wollen, so wie es damals G. Orwell beschrieben hat. Eine grausame Vorstellung.

Unterwegs im Ärmelkanal, Kurs nach Süden

Joe, der Passagier aus Kalifornien, ist gestern von Bord gegangen und fliegt heim, von London nach Kalifornien. Ich fürchte sehr, die Gespräche zu Tisch werden jetzt wesentlich seichter. Er hat ein Plakat, das innen auf allen Außentüren zu den Decks angeklebt waren, mitgenommen: *"Pirates! Terrorists! – Keep doors closed at all times!"* Das Poster (mit Totenkopf unter dem Schriftzug) will er sich in San Francisco an seine Tür im Seniorenheim hängen, um die Mitbewohnerinnen zu erschrecken.

Er hat mir eine halbe Flasche Gin hinterlassen. Ein bisschen sah er wie Ernest Hemingway aus. Eine andere seiner guten Taten war die längst fällige Schließung einer hochnotpeinlichen Wissenslücke, aber jetzt ist mir alles sternenklar: *starboard=right, portside=left*. Nur hoffe ich, dass ich das bis übermorgen nicht durcheinander bringe oder beißende Zweifel mich das wieder unsicher werden lassen. Also bis Suez immer schön üben und bis Singapur muss das dann sitzen: Steuerbord ist rechts und Backbord ist links. Oder womöglich doch umgekehrt? – Nein.

Wir sind endlich unterwegs! Mit rund 50 km/h, denn für mich Landratte sind Knoten eben im Schnürsenkel, aber keine Geschwindigkeitsangabe. Der nächste Stopp ist Port Said, die Einfahrt in den Suezkanal, mittelmeerseitig, in ein paar Tagen. Es ist Nebel, dicker Nebel. Man kann weder mit noch ohne ‚Färrnglas' etwas sehen. Gar nichts, um genau zu sein. Die Schiffe, die man nicht sieht, machen Geräusche, ja mit dem Nebelhorn. Ich höre aber auch Glocken, Schellen und Geklapper. Warnsignale aus der Zeit, als es noch kein Radar gab. Zu den schweren, nasskalten Nebelschwaden klingt es aus dem Radio seltsam mystisch: Alle UKW-Stationen scheinen im Kanal nur schwere klassische Musik zu senden, Schubert-Lieder und anderes Bedräuliches wie Kinder-totenlieder von Gustav Mahler. Dazu immer der Nebel.

Angeblich hat man inzwischen den Kapitän gefunden und der hat die Schlüssel zum Schnapsladen. Ich finde, nach genauer Abwägung der Situation, dass Schnaps nach Schubert-Liedgut und bei Nebel recht gut passt.

Leider wird das Handy-Telefonsignal zunehmend unzuverlässiger und bricht für mehrere Stunden ganz ab. Normalerweise reicht das Telefonsignal etwa 30 Kilometer weit, einfacher gesagt, wenn man Land sieht, gibt es wahrscheinlich auch Telefonempfang. Die Sicht auf Land hängt zwar von der Höhe des Beobachters über dem Meeresspiegel ab, die Regel stimmt aber im Falle unseres Frachters recht zuverlässig. Es war schön, noch mal mit zu Hause zu telefonieren, mit den Eltern („Wo bist du gerade?"), und die verschiedensten SMS-Nachrichten zu empfangen. Von Bruder und Schwägerin, die gerade im Nordseewatt rumstapfen und nach Selbstaussage abends kräftig Aldi-Drogen zusprechen. Eine letzte Nachricht kam von meiner Seereiseagenturfrau, die mir „Ahoi" und anderes Aufmunterndes für die Reise wünschte. Danach Ruhe, Nebel.

Heute soll auch endlich der Bord-Schnapsladen aufmachen, gestern gab es nämlich nur zollfreies Selterswasser mit holländischer Beschriftung auf dem Etikett: *'bruisend natuurlijk mineraalwater'*. Es wird langsam Zeit.

Das erste Buch meiner eigenen Reiselektüre, gekauft in Kiel und zwar auf eine Empfehlung von der Deutschen Welle vor ein paar Wochen, ist abgehakt: „Briefe aus Bagdad". Eine Beschreibung des Lebens im Irak aus der Sicht einer Frau eines Botschaftsangehörigen, damals aus der Zeit zwischen 1959 und 1962. Zwar war es interessant, Einzelheiten zu erfahren, wie zum Beispiel, dass Saddam, der Bösewicht, damals 23 Jahre alt, schon in dieser Zeit an einem Attentat an Kareem, dem damaligen Führer des Landes, beteiligt war. Weiter, in unwichtiger

Länge und Wiederholung ergeht sich die Frau über die Hitze, die Essensgewohnheiten ihrer kleinen Kinder und das Leben der Botschaftsleute, welches, dieser Beschreibung folgend, nur aus Parties und Einkaufen bestanden haben mag. Das Bild erinnert mich in vieler Weise an das Leben der Expat-Frauen in Jakarta, das Einkaufen mit Fahrer und die dummen Gespräche beim Nachmittagskaffeeklatsch, dem ich damals in meiner Anfangszeit in Jakarta auch gelegentlich nicht entkommen konnte, und dröge Abendparties. Schade, dass da nicht, wie ich beim Kauf des Buches gehofft hatte, viel von jüngster Geschichte geschrieben wurde, von den wilden Sechziger Jahren, dem Kalten Krieg, Singapurs Unabhängigkeit von England, dem Mauerbau in Berlin, der Kubakrise, dem Umsturz in Indonesien und allerlei anderen weltweiten Ummischungen, von denen ich kaum weiß und/oder diese nicht in ihren großen geschichtlichen Zusammenhang einordnen kann. Es scheint gerade so, als ob ich mir nochmal wieder ein Buch kaufen muss.

Ansonsten gibt es da noch eine Bord-Bibliothek in dem *Officers' Recreation Room*. Dort zu finden sind VHS-Videos mit kyrillischen Titeln, Reisebücher („Mit dem Fahrrad nach Sibirien") und eine erstaunlich große Ansammlung von ornithologischen Büchern, gerade so, als ob die Seeleute (oder die Passagiere?) viel mit Vögeln (großgeschrieben!) im Sinn hätten.

Der Urlaub in Deutschland

Also endlich mal zu unserem Urlaub, angefangen in Berlin, die erste Station, nachdem ich in Kissingen den Staub der Reise aus den Kleidern geschüttelt bzw. mich selbst von den Schrecken der angeblich so schönen Flugreise erholt hatte. Bruder und Schwägerin waren so freundlich, mich am Kissinger Bahnhof abzuholen, nachdem ich einen guten Teil des Tages (Ankunft ganz frühmorgens) in Frankfurt damit zugebracht hatte ‚mich zu bekrabbeln' und den Körper durch Einfüllen von Kaffee wieder in einen anormalen Normalzustand zu bringen. Mehr von und über Kissingen später denn in den ersten Tagen des Urlaubs war ich nur mit Erledigungen beschäftigt, wie z. B. der Beantragung eines neuen Bundespersonalausweises oder der Anschaffung eines Computerkabels, in Kissingen wahrlich kein einfaches Unterfangen.

Weiter nach Berlin über eine Intercity-Strecke durch Oberfranken, in der der Zug ganz langsam durch die Dörfer kroch. Ich hoffte, unterwegs die eine oder andere Stelle zu erspähen, wo ich früher einmal mit der Geländegeologie angefangen hatte. Aber da war außer brav zurechtgebauten Einfamilienhäuschen wenig zu sehen. Die lange Eisenbahnfahrt und die innere Aufwühlung durch den letzten Flug brachten mich in tiefes, aussichtsloses Grübeln, ein Zustand der bis nach der Ankunft in Berlins Bahnhof-Zoo anhielt. Viel zu viel ging durch meinen Kopf, viel zu viel, das da zu lösen oder zu ändern wäre, und zu wenig Lösungen. Mein Sohn, seit unserem letzten Treffen noch wieder ein Stückchen gewachsen, holte mich am Bahnhof ab. Dank seines Zuspruchs wendeten sich mein Gedanken zu leichteren Themen und wir fanden uns später am Abend essend in einer Straßenkneipe und noch später, frühmorgens, am Boulevard der Karl-Marx-Allee, verstrickt in bunte Themen und angeheizt von Modegetränken und der gelegentlichen Anwesenheit einer sehr netten Kellnerin. Wie während meiner ganzen Zeit in diesem Jahr in Deutschland, so war auch dies ein heißer Tag und eine sehr milde Nacht.

Berlin. Vergangenheit

Kurzum, Berlin ist toll! Mein letzter und vorher einziger Besuch in Berlin war mit der Schule, im November 1972. Eine Gelegenheit, zu vergleichen was sich denn über die letzten 30 Jahre so in Berlin geändert haben mochte. Damals, zu Schulzeiten, war Berlin noch geteilt in Ost und West und trotzdem (oder gerade deswegen?) eine verrückte Insel voll mit Theater, Kultur, Museum Kneipen, bunten Menschen aller Schattierungen, aber eben mit dem Trauerschleier der Teilung und an der Infusionsleitung der Interzonenautobahnen. Ich erinnere mich an unsere Stadtrundfahrt, damals, als wir irgendwo an der Mauer, irgendwo auf einer verwahrlosten Wiese ein verfallenes, altes Gebäude gezeigt bekamen, „nicht wert hinzufahren", sagte unser Tourleiter damals. Es war das Reichstagsgebäude, heute ein Herzstück der Stadt. Der Reichstag und die Besichtigung, dessen Kuppel war für mich auch ein guter Grund unseres Besuches in Berlin, erwartet und geplant, seit ich die Kuppel erstmals irgendwo in einer Zeitung gesehen hatte. Die Schlange wartender Touristen vor dem Reichstag war in der heißen Sonne dieses Sommers bedrohlich, rückte aber schnell vor und wir gelangten nach Sicherheitskontrolle, wo mein Taschenmesser beanstandet wurde, dann eintrittsfrei (der Blick auf die Fabrik der Demokratie kostet also nichts) und mittels Aufzug auf die Dachterrasse des Hauses. Eine wahrlich tief beeindruckende Rundumsicht über die neue Bundeshauptstadt und ein kleines, aber nobles Restaurant, betrieben von der Münchner Feinkostfirma Käfer. Mein Cousin, Berliner und bekennender Ossi, der mal einige Monate in München gearbeitet hatte, und aus dieser Zeit sogar eine Trachten-Lederhose besitzt, die er zu ausgewählten Gelegenheiten trägt, meinte dazu, „diese Bayern sind ja jetzt auch schon überall", lassen wir das mal so stehen, ohne es weiter zu fragen. Wir waren sehr begeistert von der Aussicht, der Architektur, der Renovierung und der neuen Kuppel. Ich finde, dass Deutschland, das neue und friedliche Deutschland, nun endlich wieder einen angemessenen Mittelpunkt hat, nach Bonn, der Behelfshauptstadt von Adenauers Wahl und dem Wasserwerk, das zuletzt als Provisorium den Bundestag darstellen sollte. Obgleich mein Nationalismus wirklich minimal ist, kann ich mir keine andere Hauptstadt für Deutschland vorstellen. Es *muss* Berlin sein. Wir lernten und sahen, dass das Brandenburger Tor eigentlich recht klein ist, verglichen selbst mit dem, was man sich aus Briefmarkenansichten und Postkarten zusammendenkt. Außerdem schaut die Quadriga nach Osten, d. h. die Pferde halten ihren Hintern in den freien Westen der Stadt. Ferner war das Brandenburger Tor sowieso immer im Osten der damals noch geteilten Stadt. „Sie verlassen den Westteil der Stadt", an solche Schilder vor dem Tor erinnere ich mich von unserer damaligen Schulreise. Heute wird der ehemalige Verlauf der Mauer von Pflasterreihen und – an anderer Stelle – gelegentlich mit in die Straße eingelassenen Messingstreifen angezeigt. Es ist tief bewegend, dies nachzuvollziehen. Ein winziges Segment der Mauer ist am Potsdamer Platz noch übriggeblieben – oder womöglich restauriert und wieder aufgestellt worden. Es sieht aus wie der Rest einer Baustelle, an der die Arbeiter eine Stunde zu früh Feierabend gemacht haben. Der Potsdamer Platz ist dagegen vom Allerfeinsten und die nächste Stelle auf der Welt, wo Glitter und Kommerz so hell strahlen, ist vielleicht die *Orchard Road* in Singapur. Berlin ist toll und offensichtlich auch unkaputtbar, jedenfalls auf seine eigene verrückte Art.

Urlaub in Deutschland

Berlin – der Osten der Stadt

Mein Sohn hat sich im ehemaligen Osten einquartiert, mit Freunden aus seiner Kieler Schulzeit in einer WG in Friedrichshain. Ich hatte mir dies vorher auf dem Stadtplan angesehen („Nähe Karl-Marx Allee", sagte er), doch gibt dieser Kartenblick der Realität keinerlei Rechtfertigung. Die Karl-Marx-Allee (früher zu Kommi-Zeiten besser bekannt als Stalin-Allee) ist die Haupt- und-Prachtstraße des ehemaligen Ost-Berlin, ausgerichtet auf den Funkturm am Alexanderplatz, breit wie wohl kein anderer Boulevard in Deutschland (sicherlich dreimal so breit wie die Kö in Düsseldorf oder die Leopoldstraße in München) und gesäumt von Zuckerbäckerarchitektur. Das sind Fassaden, bei denen die alten Kommis zeigen wollten, wie Architektur sein könnte. wenn sie zwar prunkvoll, aber nicht stalinistisch-klotzig oder barock-royalistisch aussehen soll. Bei diesem Unterfangen fanden die Architekten wohl keinen Rat in ihren Fachbüchern und das, was dabei herauskam, sieht so aus, als ob der Chefdesigner einer Gartenzwergfabrik ein Praktikum bei Mies van-der-Rohe gemacht hatte und seine erste Studienarbeit abgeliefert hatte. Ich hatte die Straße damals schon mal in Begleitung meiner Schulfreundin abgelatscht, die dröge Melancholie der Fassaden ist geblieben, aber während damals nur rote Spanntücher mit ausgewählten Agitationsparolen in weißer Schrift die Allee und ihren Beton zierten, sind es heute einzelne Inselchen des Kapitalismus, die wie Blumen (oder auch Unkraut) durchbrechen: McDonalds, Biergärten, einzelne Lädelchen, die mangels kaufpotenter Laufkundschaft sichtlich um ihr Überleben kämpfen. Man muss diese faszinierende Allee auch mal aus der Sicht eines Menschen betrachten, also meiner Sicht, der jahrelang in Jakarta gelebt hat, in einer Stadt, in der man meist nur Enge spürt, in der alles mit Autos und Krempel zugestellt ist und wo die Zwischenräume dann noch mit Menschen vollgestopft sind. Da ist diese einsame Weite dieser Prachtallee wahrer Balsam für die Seele. *I love Friedrichshain!* Sooo viel Platz, Rasen, über den man laufen kann, unglaublich breite Schotterwege, über die man kilometerweit gehen kann, ohne, wie in Jakarta, dauernd mit anderen Menschen zusammenzustoßen. Und wenn man doch nicht laufen mag, ist da auch noch eine U-Bahn-Station. Berlin ist toll! Ein Biergarten an der Karl-Marx-und-Stalin-Allee schenkt tschechisches Staropramen Bier aus, hell oder dunkel vom Fass. Nach einem heißen Tag in Berlin war dieses Gesamtkunstwerk (Allee, Platz, Bier, warmer Abend und gute Gesellschaft) eines der tiefgehendsten Einzelerlebnisse dieser Reise, ein Moment, in dem die Welt wieder einmal schön und rund war. Ein so ‚schönes' Bier hatte ich seit meiner Studienzeit und den Exkursionen in den Fränkischen Jura (mit den Bierkellern, die in den Dogger-β-Sandstein gebrochen waren), nicht mehr genossen.

Berlin-Friederichshain

Die Simon-Dach-Straße. Irgendwann werde ich mal herausfinden, wer der Herr Dach war und warum er so wichtig genug war, um seinen Namen mit einer Straße in dieser Weise zu verewigen. Ein Künstler? Ein Dichter oder Denker? Ein Kämpfer für etwas Gutes? Technisch gesehen ist die Simon-Dach-Straße auch nur eine Straße, die irgendwas mit irgendwas Anderem verbindet; parkende Autos, dreigeschossige Wohnhäuser, breite Trottoirs, aus deren Pflasterfugen stellenweise Gras wächst und auf denen – hier wird es wichtig – alle paar dutzend Meter Kneipentische aufgestellt sind. Eß- und Trink-Läden in vielen Variationen von Müsli-alternativ über bieder-bierernst bis zu Pasta-Pizza-mediterran. Trotz des Protestes der Anwohner wird hier abends gezecht, gefeiert und die Welt neu erfunden. Obgleich, wenn man den Reportagen der Lokalblätter glauben mag, die Simon-Dach-Straße eine Bürgerkriegszone, ähnlich wie früher Beirut, zu sein scheint, ist die Wirklichkeit unglaublich ruhig, betulich, *just nice!* Wir hatten den Genuss, die Straße während eines *Sunday-Brunches* beim Aufwachen zu beobachten. Über dem Rand meiner Kaffeetasse sah ich junge Familienväter ihre Kinderwägen schieben, eine Gruppe Fußtouristen, die auf einer Führung irgendetwas Historisches verfolgte, womöglich die Antwort auf die Frage „Wer eigentlich war dieser Simon Dach[6]?", Fahrräder aller Preisklassen, abgestellt oder unterwegs, Hunde mit Frauchen, ausgeführt zu ihrem ersten Morgenschiß, *summario*: bürgerliche Ruhe. In unsere Brunch-Kneipe hing auf der Toilette Papier mit aufgedruckter und zielgruppenspezifischer Werbung: „Wollen Sie wissen, ob es wirklich Ihr Kind ist? Gentest! Sofort anrufen unter…". Man bekommt einen überraschenden Eindruck, über was andere Menschen auf der Toilette nachgrübeln mögen.

---

[6] Später, nach dieser Seereise, machte ich mich wegen Neugier im Lexikon kundig: Simon Dach, Barocklyriker, geb. 29.7.1605 in Memel, gest. 15.4.1659 in Königsberg, Prof. der Poesie in Königsberg, tief erlebte schlichte Lieder und Choräle im Geist des luth. Humanismus, z.B. „Der Mensch hat nichts so eigen". Das Lied „Anke (Ännchen ?) von Tharau" wird ihm neuerdings wieder zugesprochen.

K.E. Schech

Berlin – *Love-Parade*

Zurück in den Westen dieser Stadt mit seiner westlichen Dekadenz: Die *Love-Parade*[7]. Zugegeben, die Zeit und der Reiseplan unserer Deutschlandreise waren tatsächlich – und auf den ausdrücklichen Wunsch meiner Frau hin – so organisiert worden, dass wir dieses Kulturereignis miterleben konnten. Wer mag schon seiner Frau einen berechtigten Wunsch abschlagen?

Das Ereignis wirft seine Schatten voraus. Um die geschätzten 700.000 Besucher, Liebhaber der Techno-Musik (die sich Raver nennen[8]) aus ganz Deutschland und dem Ausland nach Berlin zu transportieren, hatte die Bahn Sonderzüge eingesetzt, andere kamen mit dem Auto. Viele übernachteten in ihrem Wagen am Straßenrand.

Hier eine Klarstellung: Weder meine Frau noch ich sind auch nur im Entferntesten Fans von Techno, dieser synthetischen, elektronischen Tanzmusik, die sich – gerade in Deutschland – aus dem amerikanischen Hip-Hop entwickelt hatte. Wir kamen nur als Zuschauer, Voyeure, Spanner.

Schon am Vortag der Parade und dann viel massiver am Tag des Ereignisses selbst, sahen wir, wie die notwendigen Attribute für die Teilnehmer der Parade an

---

[7] Die *Love-Parade* war eine von 1989 bis 2010 veranstaltete Technoparade mit bis zu 1,5 Millionen Besuchern im Jahre 1999. Die Veranstaltung entwickelte sich im Laufe der Jahre von einem kleinen Straßenumzug der West-Berliner Technomusikszene zunächst zu einer international exponierten Veranstaltung der Technokultur und später zum Massenspektakel. Die Parade fand von 1989 bis 2006 in Berlin und ab 2007 bis 2010 an wechselnden Orten im Ruhrgebiet statt.

[8] *Raves* sind Massenveranstaltungen, auf denen zu elektronischer Tanzmusik – Techno, Hip-Hop, house music – oft tagelang getanzt wird.

provisorischen Ständen und auf Tapeziertischen entlang der Straße und an Bahnhöfen angeboten wurden. Als Grundausrüstung braucht der Raver eine Latzhose und die Raverin mindestens eine Trillerpfeife, eine Federboa oder ähnliches Geflügel aus Acrylfaser (Modefarbe grün), Handschellen, Netzstrümpfe, Sekt, Bier oder sonst was zum Andröhnen, leuchtfarbene Westen, wie sie typischerweise von der Müllabfuhr getragen werden (Modefarbe orange) und Damen-U-Höschen (ein Euro pro Stück) in besonders textilsparendem Design. Als soziokulturelle Einleitung auf dem Weg in der U-Bahn erklärte man uns, dass diese *Love-Parade*-Leute, beileibe nicht die Jugend als solche und schon gar nicht diese in ihrer Allgemeinheit repräsentierten, denn es gäbe da außer den Ravern, die bei dieser Parade üblicherweise zusammenströmen, noch viele andere Kategorien, unter Anderem zum Beispiel die Hippies, Alt-Hippies und weiter die Normalos und, als Steigerung, die Stinos (stinknormale Menschen) und ich erfuhr, dass ich, als fünfzigjähriger Schreibtischbewohner ohne jedwede Eigenheiten, keinesfalls als Stino klassifiziert werden könnte, denn ich sei „nicht normal genug". Aha! – Nun, dann wollen wir mal sehen, was da sonst so passiert! Also los, 'rin inne Stadt, U-Bahn, Alex umsteigen, Bahnhof-Zoo und – ah! – greller Lärm aus tausend Trillerpfeifen, Menschenmassen in grünem Fluffzeug oder orangen Arbeitsklamotten, aber was in aller Welt machen die denn mit den U-Höschen, die da an jedem Stand zu Tausenden verkauft werden? Es entzog sich unserer Beobachtung. Die Einzelheiten dieser Parade seien hier eher mit Bildern illustriert als beschrieben und die sogenannte Musik, eher eine Kakophonie der Dampfhämmer, die auf Lastzügen zwischen der Freiheitsstatue (auch taub!) und dem Brandenburger Tor hin- und hergefahren wird, ist ohnehin, zumindest aus meiner Sicht, nicht wert, beschrieben oder sonst wiedergegeben zu werden.

Wir drei Sub-Stinos (Frau, Sohn und ich) machten uns nach kurzer Zeit des verwunderten und peinlichstaunenden Zusehens aus dem Staub, ein mühsamer Fluchtversuch, um diesem Riesen-Event mit seinen siebenhunderfünfzigtausend Mitmachern zu entkommen. Als Stärkung noch eine ausgezeichnete Pizza am Neuen See in Berlin Zoo und dann die Flucht zu Fuß, per Taxi und per U-Bahn aus dem Chaos.

Wie viel schöner war da doch Friedrichshain (schon wieder!), die Ruhe und Freundlichkeit in der Studenten-WG, traute Heimeligkeit wie zu meinen eigenen Studentenzeiten, Wasserpfeife auf der Fensterbank, edler Jazz im Hintergrund, Gitarren und Musiksachen in jedem Eck (alle drei WG-Insassen sind neben dem Studium auch irgendwie Musiker) und ein John-Lennon-Poster an den Türen. Es schien geradezu, als ob sich die Zeit seit den siebziger Jahren nicht bewegt hätte oder so, als ob die Herrn ihr Etablissement extra zu meinem Besuch mit den Paraphernalien der Siebziger dekoriert hätten, um mich zu Hause fühlen zu lassen.

Einiges hat sich doch geändert seit meinem ‚damals' in Berlin, ja, sogar noch eine Wende zum Guten, zum Besseren erfahren. Damals war der Döner noch nicht erfunden und Currywurst[9] das übliche Eckenfutter, der

---

[9] „Kommste vonne Schicht / wat bessret gibbet nicht / 'ne Currywurst. / Biste einmal down / und brauchste was zu kaun / 'ne Currywurst", – aus einem Song von Herbert Groenemeyer.

Straßensnack. Heute ist das anders: Döner allenthalben. In meiner ganz besonderen Erinnerung ist der Dönerladen in Friedrichshain, zweite Seitenstraße rechts, weit hinter dem Programm- und Szenekino und jenseits der Gastwirtschaft ‚Zum Saupreiß[10]' (die sich auch noch mit blau-weißer bayrischer Fahne outet), wo – so mag es erscheinen – so manches Studenten- und Taxifahrerleben vor dem Tod durch Verhungern gerettet wurde. – Zur Interpretation: Offensichtlich hat sich die große, türkische Bevölkerungsgruppe in Berlin im Durchschnitt vom sprichwörtlichen Müllmann Ali der frühen siebziger Jahre mittlerweile zu respektablen Dönergastronomen hinaufgearbeitet. Der Döner, der genauso wenig – oder genauso viel – deutsch wie türkisch ist und angeblich (wie die Currywurst) in Berlin erfunden wurde, sollte eigentlich das Symbol eines imaginären Monumentes sein, ein Denkmal, das die verklemmte deutsch-türkische Beziehung symbolisiert. Ein Döner nährt, ist gesund (viel Gemüse), ist bezahlbar (zwischen 1,95 bis 4,50 Euro, je nach Geschäftslage und Qualität) und schmeckt außerdem noch gut. Obendrein ist ein Döner auch noch *halal* (das islamische Äquivalent vom jüdischen *koscher*), also ohne Schweinefleisch, sodass meine liebe Frau diese Döner ohne tiefergehende Sorgen um ihr Seelenheil verzehren konnte. Geschmeckt hat es sowieso. Auch sollen die Türken in Berlin den Obst- und Gemüsehandel dominieren. Mein Sohn im Originalton: „Bei Lidl gibt es

---

[10] Preißn (Preußen) ist eine aus Bayern stammende Dialektbezeichnung für Nord- oder Ostdeutsche. Sie ist scherzhaft bis – in der Form ‚Saupreiß' abwertend gemeint. Einige Sprachforscher sind der Meinung, dass dem vorangestellten ‚Sau-' (wie etwa beim ‚Sauwetter') eher eine gutmütig-melancholische als abwertende Bedeutung zuzuweisen sei. Im Zuge der Globalisierung wird der Begriff inzwischen auf Besucher Bayerns jeglicher nicht-bayrischer oder internationaler Herkunft angewendet.

alles, was einen Studenten ernährt, aber wenn man mal so richtig anständiges Gemüse oder Salat essen will, dann führt beim Türken kaum ein Weg vorbei".

Kontrast: Berchtesgaden

Berchtesgaden – mehr Bayern geht kaum! Erstens wollte ich meiner Frau schon seit Jahren die Schönheit der bayrischen Alpen zeigen, zweitens suchte ich nach einem Kontrastprogramm zu Berlin mit seiner *Love-Parade* und dachte, Berchtesgaden wäre ein solches, drittens war Wien, das wir auch gerne besucht hätten, hinsichtlich unserer ach-so-kurz bemessenen Zeit in Europa zu weit weg, viertens war ich als kleiner Junge mal in Berchtesgaden, also eine weitere damals-Dimension dieser Reise, und – letztendlich ausschlaggebend – hatte das Reisebüro in Kissingen gerade ein gutes Angebot. Im Katalog ein Farbbild einer traditionellen Pension, eine Fassade mit bunter Lüftlmalerei, dahinter ein alpines Bergpanorama und darüber weiß-blauer Himmel. Das wird gut werden. Also Berchtesgaden, warum auch nicht.

Die Hinreise mit dem Zug war geplant einfach, mit Platzkarten und mit einmaligem Umsteigen nur in Würzburg, wurde aber ab Chiemsee und wegen dramatischer Hagelstürme zur Odyssee, ausgelöst von einer winzig kleinen Birke, die über die Gleise und den elektrischen Fahrdraht gefallen war. Der schnelle Intercity kam nicht weiter. Es entwickelte sich eine skurrile Bergungsaktion, bei der wir Zügen, die auf offener Gleisstrecke Passagiere aufnahmen, und Polizeihubschraubern ansichtig wurden.

Urlaub in Deutschland

Die Ankunft in Berchtesgaden war enttäuschend und wegen der stundenlangen Zugverspätung nächtens und entwickelte sich noch entsprechend weiter. Kein Taxi, kein Döner und es blieb uns nur ein pampiges Essen mit ebensolchen Kellnern gegenüber vom Bahnhof (was sollte man auch schon von einem Wirtshaus gegenüber vom Bahnhof erwarten?). Der Empfang im Hotel war in keiner Weise besser. Das bestellte Zimmer war noch frei, dafür hatte man durch puffige Gardinchen, ortsspezifisch mit Alpenblümchenmuster, die auch noch den Muff der sechziger Jahre trugen, einen freien Blick auf den Hausparkplatz. Am nächsten Tag, beim Frühstück (Sonne, Watzmannpanorama wie im Reisekatalog) entspannte sich die Urlaubssituation ein wenig, obwohl wir von den anderen Urlaubern mit Halbpensionsberechtigung beguckt wurden wie Marsmenschen, die sich als Terroristen verkleidet haben. Nun denn, starker Kaffee, große Brötchen und hausgemachte Marmelade halfen uns durch die Situation. Auch die Bedienungen, die kaum Deutsch, dieses aber mit starkem Balkan-Akzent, sprachen, erleichterten es uns ‚Ausländern', uns unter anderen Mit-Ausländern etwas besser zurechtzufinden.

Das Touristenprogramm in Stichpunkten: (1) Kehlsteinhaus, Hitlers einstige Sommerresidenz, die von den Amerikanern als ‚Adlernest' tituliert wird, weil es so besser zu deren Denkmodell und den schiefen Hollywood-Nazifilmen passt, (2) Königssee samt Echo vom Dienstflügelhorn des Bootführers (zwei Euro Aufpreis pro Person) und Weißwurst am Hintersee, ein (3) Ausflug nach Salzburg und ein (4) Sonntag, an dem sich Berchtesgaden selbst feierte, mit Trachtenumzügen aller möglichen Schattierungen, aber nur und einzig aus Ober- und Niederbayern, wozu aus berchtesgadener Sicht der Welt auch ein Teil Österreichs gehört.

Erster Tag: Kehlsteinhaus. Nun, nicht ganz so einfach. Wir mussten erst umständlich Bus-Netzkarten kaufen („Bitte die Kurkarte vorlegen!") und dann herausfinden, wo diese billigen und praktischen Busse denn tatsächlich abfahren. Eine wartende Frau, fesch gekleidet in ein bayrisches Trachtendirndl, die ich auf Deutsch um Rat fragte, antwortete ganz unerwartet auf Englisch und voller ‚Britishness': *„No, I don't speak that language"*. Sie war sicher auf Bildungsreise.

Aber dann, irgendwie, ging es tatsächlich los. Und da bei der Busfahrt, Blick aus dem Fenster, war es wieder, ein *flash-back* der mich ganz unvorbereitet in meinen Gedanken traf: „Diesen Weg kenne ich, hier entlang bin ich schon mal gelaufen!" Vierzig Jahre vorher hatten mich meine Eltern zum Urlaub in den Bergen mitgenommen. Ich sah die Pension, das Fenster, von dem wir damals die Berge bestaunten, die Tische, an denen wir in der Morgensonne unser Frühstück genossen hatten. Es war wie ein Bild, das aus einem alten Fotoalbum fiel.

Weiter, Obersalzberg, Wendeplatte, jetzt ein Informationszentrum, viele amerikanische Mit-Touristen, eine irrwitzige Auffahrt zum Kehlsteinhaus, teils im Nebel, teils mit Blick in tiefe Abgründe, und dann ein überwältigendes Panorama, das langsam aus dem Nebel sichtbar wird, ähnlich einem Foto, das im Entwicklungsbad vom weißen Papier zum Bild reift. Die Berge, ja die Berge, boten einen hervorragenden Ausblick: Schneefelder, Königssee mit ganz winzigen Schiffchen drauf,

Almen, Wälder, Bavaria-pur. Selbst als Geologe, der den Watzmann und seine Bergnachbarn nur als einen Haufen Stein im Nördlichen Kalkalpin sieht – eine langweilige, dicke Formation ohne jeden wissenschaftlichen Charme, ganz im Gegensatz zu den Metamorphica des Tauernfensters oder den bekannten, aber bisher unverstandenen tektonischen Komplikationen des Helvetikums – also selbst aus dieser unterkühlten Sicht – ist die Location, der Berg, die Anfahrt, das Panorama bewegend und unvergleichlich. Eben Bayern!

Ich glaube, meine Frau war – wie ich es gehofft hatte – beeindruckt und somit war ein Teilziel dieses Ausflugs erreicht. Erstklassige ‚Semmelnknödeln mit frische Pilze' (so stand es tatsächlich auf der grammatikalisch schrägen Speisekarte) schmeckten viel besser, als ihre Ankündigung aussah und rundeten das Hitler-Kehlsteinhaus zwischen Nebel und Watzmann schön ab. Den Apfelstrudel ‚mit richtige Sahne' nicht zu vergessen.

Das Kehlsteinhaus, ein herausragender, historischer Aussichtspunkt, wurde 1938 fertiggestellt. Entgegen weit verbreiteter Annahmen war das Kehlsteinhaus aber kein Geschenk der Berchtesgadener an Hitler zu seinem fünfzigsten Geburtstag, sagen sie jetzt. Dennoch wird es von den amerikanischen Touristen, die auch die dunkle Seite Deutschlands kennen lernen wollen, meist als Hitlerhaus bezeichnet. Wie auch immer die Sachlage gewesen sein mag, auch das ist ein Stück Deutschlands und seiner Vergangenheit.

Zweiter Tag, Steigerung: der Königssee mit allem drum und dran. Für den, der die Gegend nicht kennt, muss man vorausschicken, dass der italienische Eisladen am Königssee mindestens so hervorragend ist wie der Watzmann. Aber ernsthaft. Wir sahen die Bilder vom Königssee samt St. Bartholomä jedes Mal, wenn wir in der Botschaft Deutschlands in Jakarta Schlange standen, um ein Visum neu zu beantragen. Königssee – und nebenhängend – Rothenburg o.T., Brandenburger Tor, Ostsee, alles Poster, die von der Reklame der Lufthansa stammen konnten und – so immer noch meine Meinung – die optischen Höhepunkte Deutschlands für die Auslandswerbung repräsentieren. Damals in der Botschaft, habe ich meiner Frau versprochen, eines Tages mal mit ihr dorthin zu fahren.

Es wurde ein wunderschöner Tag am Königssee und heimlich spielten wir mit dem Gedanken, eines fernen Tages vielleicht einmal so eine richtige Bergwanderung zu machen, ganz traditionell mit Rucksack und GPS von Hütte zu Hütte, ganz einsam und in Ruhe. Wir aßen Weißwurst zu Mittag.

Man mag an diesem Punkt der Reisebeschreibung glauben, dass es nicht noch bayrischer werden konnte, aber falsch gedacht, eine Steigerung war doch noch möglich: Sonntag, Gaufest, Trachtenumzug, ein Ereignis, das nur alle fünfundzwanzig Jahre stattfindet. Mit Hinsicht auf unsere vorvergangene Woche in Berlin konnten wir es uns nicht verkneifen, diesen Trachtenumzug mit der *Love-Parade* in Berlin kontrastieren zu lassen, ja schlimmer, geistig zusammenkrachen zu lassen. *„Look, this is Germany!"* Trachten und *Love Parade* und Bayerns Motto: „Laptop und Lederhose".

Lederhosen haben wir viele gesehen, aber die Möglichkeit, den mitgebrachten Laptop sinnvoll irgendwo einzustöpseln, um über Internet mit dem Rest der Welt Verbindung aufzunehmen, waren in Bayern, in den Hotels eingeschränkt. Bei Fragen wurden wir mit dummen Gegenfragen konfrontiert wie z. B. „…und warum wollen Sie das denn machen?", oder zu Daddelbuden in die Schmuddelecken der Stadt verwiesen „…die machen auch so was mit Internet". Offensichtlich scheinen da noch etliche Möglichkeiten zur Selbstverbesserung zu bestehen, um dem bayrischen Selbstwerbe-Image gerecht zu werden.

Von wegen zusammenkrachen: Seit dem Vorabend des Gaufestes standen traditionelle Böllerschützen auf den Hügeln und krachten mit ihren Dingern, was das Zeug hielt und weckten damit sicher noch die älteste Kuh auf der entferntesten Alm. Mangels regionalspezifischen geschichtlichen Wissens spekuliere ich, ob diese Böllerschützen vielleicht irgendwie von bayrischen proto-Terroristen (wie z. B. Herrn Jennerwein oder dem Bayrischen-Hiasel[11]) inspiriert sein könnten, denn aus ziviler und rein funktioneller Sicht macht es gesellschaftsevolutionär überhaupt keinen Sinn, einfach so und alleine zum Vergnügen einer Minderheit auf den Bergen herum-

---

[11] Der Bayerische Hiasl, Matthäus Klostermayr, geboren 1736, war ein Wilderer und Anführer einer „gerechten Räuberbande" im damaligen schwäbisch-bayerischen Grenzgebiet, der bayrische Robin Hood. Nachdem sein Kumpan von einem Jäger getötet worden war, überfiel Klostermayr mit seiner aus bis zu 30 Personen bestehenden Bande auch Amtsstuben und andere öffentliche Einrichtungen, erpresste Steuergeld, das er unter der Bevölkerung wieder verteilte. Er wurde 1771 nach einem Feuergefecht festgenommen und später spektakulär hingerichtet. Für viele Zeitgenossen war er ein Volksheld, obwohl auch zahlreiche Gewaltverbrechen an Unschuldigen auf sein Konto gingen. Er lebt bis heute in zahlreichen Anekdoten, Liedern und Legenden weiter. Friedrich Schiller soll ihn als Vorbild für den Karl Moor in seinem Stück ‚Die Räuber' genommen haben.

zukrachen, ja es könnte ja sogar kontraproduktiv werden, wenn man damit die Touristen verschreckte. Der Trachtenumzug war lang, heiß, bunt und mit Blasmusik ("Bayrischer Defilier- und Jubiliermarsch") und auch recht emotional (Sonnenbrille aufsetzen!). Meine Frau zeigte spontan die kulturellen Gemeinsamkeiten dieses Trachtenaufmarsches mit dem Umzug des Sultans in Yogyakarta, im Herzen Javas, auf. Und so war es auch wirklich.

Dritter Tag, *chill-out*: Ausflug nach Salzburg, wo wir, wie dort üblich, von anderen multinationalen Touristen in der Mozartgasse fast totgetreten wurden. Man sollte vielleicht dort noch Mozart-Musik vom Lautsprecher einspielen, um die Stimmung, bzw. Kauflust weiter aufzugeilen. Die beste aller Frauen kaufte sich die lang gesuchte Super-Handtasche (gab es sowas denn nicht in Berlin), eine Zollausfuhrbescheiningung mit Mehrwertsteuerrückerstattungsbeleg (was ein Wort!) konnte auch ausgestellt werden, weil Salzburg noch in Europa liegt und keinesfalls, wie manchmal behauptet, den Anfang vom Balkan darstellt. Angesichts der Hitze in Salzburg sympathisierte ich kräftig mit einem Amerikaner im Gewusel der Mozartgeburtshausgasse der, an der Hand gezerrt von seiner Frau, vor sich hin murmelte: *„The only thing on my mind is biergarden"*.

München

Rückzug, Verweilen in München, auch hier wieder gemischt mit einer Reihe und Ansammlung von-damals-Erinnerungen. Viel Zeit habe ich nie in München zugebracht, aber immer waren es recht wichtige Tage. Zum

Beispiel 1972, zu den Olympischen Spielen, leider erst nach dem Attentat der Palästinenser, das die Spiele fast beendet hätte, aber in jedem Fall die ‚fröhlichen Spiele' (so war es geplant gewesen) in sinnlosen Terror umgedeutet hatte. Trotzdem, meine Erinnerung an eine unglaublich lebendige Steel-Band aus der Karibik, die jeden Vormittag auf dem Marienplatz aufspielte und kurz vor dem Glockenspiel, mittags, aufhörte. Das Bazarleben an allen Ecken, in denen übrige Eintrittskarten getauscht oder gedealt wurden. Ich kaufte den Eintritt für zwei Stehplätze bei einem unwichtigen Fußballspiel. Die Schmusewiese im Englischen Garten und überhaupt, die Notwendigkeit, jeden Abend irgendwo in der Stadt eine Bleibe in irgendeiner überfüllten Jugendherberge, irgendeinem olympischen Behelfslager zu finden, denn ein Hotel war zu dieser Zeit für mich unbezahlbar.

Jahre später, andere Besuche bei einer lieben Freundin, die stets frische Hörnchen und Kaffee mit Cointreau zum Frühstück servierte („Gibt es ein Leben vor dem Frühstück?") und feministische Agitationszeitungen auf der Toilette hatte. Auf Fragen erklärte sie mir eines Abends geduldig, wo denn genau die Großhesseloher Brücke[12] sei und wie es dort so schaurig und seltsam wäre. Wir verstanden uns damals gut. Und immer, wenn ich in München war, führten mich meine Wege durch den Englischen Garten zu ihr nach Schwabing.

---

[12] Die Brücke war bekannt als Ort von Selbsttötungen und kam zu einer fragwürdigen Bedeutung als ein Ort, an dem verzweifelte Menschen seit 1877 ihrem Leben durch „Sturz aus der Höhe" ein Ende setzten. Beim Neubau der Brücke reduzierten Drahtzaunabsicherungen die Zahl der Versuche, konnten sie aber nie vollständig verhindern.

Ein andermal in München, mit meinem Bruder, der seine Studienbude in Pasing auflöste und dazu mein Auto brauchte und mich vorher noch zu einem Besuch auf dem Oktoberfest einlud. Das letzte Mal München war vor genau fünf Jahren, dann schon mit meiner indonesischen Frau, die damals von einem Bananenhändler auf dem Lastwagen aus der Masse herausgepickt wurde, um doch unbedingt mal die tollen, fahlgelben Markenbananen zu probieren. Sie wollte nicht.

Diesmal und dieses Jahr in München ein Touristenprogramm *en passant*: Kaufingerstraße zum Einkaufen: ein deutscher Cowboyhut. Das Chinesenmädel im Hutladen fragte mich: „Wo haben Sie so gut Deutsch gelernt?" – „In Kissingen, in der Schule" – „Ach Sie sind in Deutschland zur Schule gegangen?". Diese etwas absurde Unterhaltung wurde von einer Gruppe japanischer Touristen unterbrochen. Japanische Touristen kommen nie allein und treten stets in Gruppen auf. Dann ein Blick auf einen Beate-Uhse-Laden, der, genauso wie und nur zusammen mit Nordsee und Tchibo erst eine treudeutsche Fußgängerzone komplettiert (Nein, Aldi ist immer außerhalb der Fußgängerzone) und zwar immer am unteren Ende jedweder Fußgängerzone liegt.

Dann Wirtshaus Spöckmeier zwecks Weißwurst (dritter Besuch, insgesamt), toll, Genuss in der allerersten Kategorie, aber auch pralle 2,20 Euro pro Stück, nein, nicht pro Paar, sondern pro einzelnem, harmlosem, weißen Würstchen. Dieses Lokal ist das *ground-zero* der Weißwurstwelt in Preis und Geschmack. Und wenn ein einheimischer Münchner es besser weiß, dann mag er bitte schweigen und uns nicht dieser teuren Illusion berauben. Als Kontrast (oder Fortführung?) zum Spöckmeier seiner Weißwurst, dann ein Spaziergang in den Englischen Garten mit einem Blick auf die Nacktenwiese und einem weiteren, dann auch genaueren Blick auf den Chinesischen Turm, der eigentlich eine Pagode ist und auf den Monopterus. Ich konnte leider die Frage nicht beantworten, was eigentlich ein Monopterus[13] sei, ob es noch andere Monopteri oder Monopterusse gäbe, und welches Land auf Gottes Erdboden wohl die höchste Dichte dieser Dinger pro Hektar hätte. Aber eines ist klar: In Berlin ist keiner! Weiter in Schwabing, Leopoldstraße, früher immer recht elektrisierend, aber jetzt – ganz klar – kalter Kaffee im Vergleich zu Berlin. Endlich Rückzug ins Hotel, wo uns die Räuber, verkleidet als Hotelangestellte, für eine Flasche Selters (0,7 Liter) satte 4,50 Euro aus meiner Tasche nahmen. Um diesen Raub mal in Relation zu bringen, für so viel Geld bekomme ich hier auf dem Schiff zwölf Flaschen Sprunzelwasser zu je 1,5 Liter. Allerdings ist das dieses holländische *bruisend*-Zeug und München, Weißwurst und Monopterus sind inzwischen ganz weit weg. Meine liebe Frau auch noch. Leider!

---

[13] Inzwischen hatte ich Zeit gehabt, um nachzulesen. Ein Monopteros ist ein Rundtempel, meistens mit acht Säulen. In Kassel steht auch einer. Nur nennt man sie meist anders als in München.

Atlantik

Heute Abend wurde tatsächlich der bordeigene Schnaps- und Suchtwarenladen aufgemacht. Preislisten waren schon tags zuvor verteilt worden und die genaue Uhrzeit des Eröffnungsereignisses wurde per Durchsage auf dem ganzen Schiff angezeigt. Der Verkauf selbst war eine Art Selbstbedienung von den Regalen. Unglaubliches trug sich zu: Passagiere und Seeleute, dunkle tätowierte Gestalten aus der Südsee, der dicke, bärtige, russische Koch, aber auch biedere, nautische Offiziere aus Rostock füllten den engen Korridor und drückten, kaum dass die Türen geöffnet waren, in den engen Raum, rafften an sich – nein, keinen billigen Whiskey oder anderen Bölkstoff, nein, auch kaum Zigaretten oder Tabak – die Menschentraube bildete sich in der vorderen Ecke um die Ritter-Sport Schokoladenkiste!

Ganz besonders in der Ecke der Sortimentkiste, in der die Variante Rum-Trauben-Nuß zu finden war, fummelten so viele Hände, wie im Sommerschlussverkauf bei Karstadt, wenn die Türkinnen zugreifen. Unglaublich! Die Männer, die dem Gemenge schon entkommen waren, hatten wenigstens jeweils fünf oder zehn Tafeln Schokolade in der Hand, teils etwas beschämt, teils offen-dreist und ließen ihren Kauf dokumentieren. Ja, ein klein wenig Mineralwasser (*„bruisend"*), gelegentlich mal ein Bier wurde auch verkauft, aber der bestlaufende Artikel zwischen Ärmelkanal und Biskaya war zweifelsohne Schokolade. Woher kommt denn eigentlich dieses dumme Vorurteil, dass Männer nicht an Süßigkeiten interessiert seien? Zumindest meine neuesten Beobachtungen im Bereich der Christlichen Seefahrt widersprechen ganz klar diesen Vorurteilen.

Heute Abend habe ich es geschafft, mein GPS mit dem Laptop zu verkabeln und kann nun unsere Position auf einem Kärtchen aus dem Schulatlas laufend verfolgen. Die Antenne, mit Klebestreifen auf das rückwärtige Fenster meiner Kabine gepappt, empfängt tatsächlich ein Satellitensignal. Ich beobachte neugierig, wie ein roter Kreis mit unserer Position langsam über das Kartenfeld meines Bildschirms wandert. So, nun weiß ich endlich ganz genau, wo wir sind – nämlich irgendwo in der Mitte von ganz viel Meer. Leider stelle ich nun auch fest, dass mein Vorrat an Lidl-Sonderangebotsbatterien aus Kiel im Hinblick auf die verbleibende Dauer dieser Reise und den Stromverbrauch meiner digitalen Gerätschaften (GPS, Kurzwellenradio, Taschenlampen) zu knapp bemessen war.

Noch in der Biskaya, Richtung Süd

Pünktlich zur Einfahrt in die Biskaya[14], sozusagen links ums Eck rum in Frankreich, Kursänderung an der Bretagne, kam die Sonne durch. In wenigen Minuten lichtete sich der dicke Nebel und bescherte uns einen wunderschönen goldenen Sonnenuntergang mit ein paar elegant drapierten Urlaubswölkchen. Schön! Zum Sonnenuntergang einen guten Schluck Whiskey und die frisch erstandene Ritter-Sport Schokolade. *Life is easy*!

Wie ich auf meinem Laptop sehen kann, sind wir doch tatsächlich letzte Nacht durch die halbe Biskaya gebraust und *Cap Finistère*, die nächste Kursänderung, ist nur noch ein paar Stunden entfernt. Ich habe gestern noch beobachtet, wie wir das eine oder andere Frachterlein überholt hatten und nur ein Riesentanker eine ganze Weile mit unserem Tempo Schritt halten konnte. Dass wir tatsächlich so schnell fahren, wird mir jetzt erst so richtig bewusst. Kein Wunder, dass es auf dem Sonnendeck (Deck F) so windig ist, denn der Fahrtwind von knapp 50 Stundenkilometern (26 Knoten, stimmt doch?) bläst darüber. Mein neuer Cowboyhut aus München ist hier nur lächerlich und nutzlos. Genauer gesagt ist es ja nicht nur der Fahrtwind, sondern der ‚erlebte' Wind', der sich aus einer Vektoraddition des Fahrtwindes und des ‚tatsächlichen Windes' (so wie er ohne Schiff auf dem Meer herumwehen würde) sehr einfach berechnen lässt, wobei zu berücksichtigen ist, dass die Vektoren die gleiche Dimension haben müssen. Toll, nicht?

---

[14] Die Biskaya, auch Golf von Biskaya, (französisch: *Golfe de Gascogne*), ist eine Bucht des Atlantischen Ozeans, die sich von Galicien bis zur Bretagne erstreckt. Dieses Seegebiet ist normalerweise für schlechtes Wetter, starke Stürme und extremen Seegang bekannt.

Kein Wunder auch, dass die Nacht etwas schaukelig war, gilt doch die Biskaya als eines der wilden Meere dieser Welt, wenn es auch bei dieser meiner Passage völlig harmlos war. Aber es wackelt trotzdem, das Schiff rollt, ganz langsam und um vielleicht ein, zwei Grad, nichts, was einen Seemann nicht auch nur irgendwie berühren könnte, aber für unsereinen Landratte, ist das recht beachtlich. Im Bett rollt man um die Längsachse hin und her. Das ist etwas desorientierend, aber ruft zu meiner allergrößten Freude keine Spur von Reise- bzw. Seekrankheit hervor. Morgenkaffee, Toast und Spiegelei bleiben fest im Magen, keine Probleme. Die Reiseapotheke, voll mit Seekrankheitsmittelchen zum Schlucken, Kauen, auf die Haut Kleben oder sonst-wohin-tun, kann geschlossen bleiben. Heute ist Donnerstag, das bedeutet ‚Seemanns Sonntag', es gibt aus diesem Grunde heute einen extra Joghurtbecher zum Frühstück und zum Mittagessen darf man auch eine extra Kleinigkeit erwarten, sagte mir der Kapitän beim Frühstück. Erfreulicherweise blieben uns die ungenießbaren, gefrorenen(!) Bananen aus Felixstowe erspart. Diese wechseln beim Auftauen ihre Farbe ohne Zwischentöne von Grün auf Schwarz – kein Bananengelb.

Ja, der Kapitän, natürlich auch aus Rostock, ist inzwischen aufgetaucht, leistet uns Passagieren bei den Mahlzeiten Gesellschaft und leitet die Konversation.

Bücher, Reiselektüre

Manche Menschen lesen Bücher, sie nennen sie ‚gute' Bücher und suchen darin mehr als Unterhaltung. Sie wollen gefesselt und berührt werden, suchen darin

Freunde, ein neues imaginäres Leben, Antworten auf Fragen, die ihnen das Leben stellt, Lösungen von moralischen Dilemmata (von denen viele alle hundert Jahre neue bearbeitet werden, ohne jemals eine klare Antwort anzubieten; andere, die Schülern vorgelegt werden, um daraus wichtige Schlüsse für ihr weiteres Leben abzuleiten) – andere Menschen kaufen sich ein oder mehrere Bücher, für den Fall, dass keine Radio- oder TV-Wellen zu empfangen sind und das Internet schon vor dem nächsten Berg endet, wie ein Pendant, um den gefürchteten *horror vacui* (bei anderen Leuten Langeweile genannt) abzuwehren.

Ich habe mir in Kiel zwei Pfund Bücher gekauft. Das zweite selbstausgesuchte und selbstgekaufte Buch (die meisten Bücher habe ich geschenkt bekommen) aus Kiel, besser gesagt, ein gelbes Reclam Heftchen, habe ich in der Biscaya angefangen: Jean-Jacques Rousseaus Gesellschaftsvertrag, ganz offensichtlich ein Schulbüchlein, das man zudem mit drei Fingern lesen muss: Ein Finger jeweils auf den Seiten für Kommentar und Nachwort. Nach ein paar Abschnitten dann doch recht aussichtsreich. Schon ganz am Anfang lernte ich, dass der Begriff ‚Entfremdung', ein wichtiges Wort bei Karl Marx und somit in den heißen Diskussionen der Kommi-Gruppen, damals während meiner Studienzeit (meist beim Kaffee und nach dem Mensabesuch), womöglich eine Ungenauigkeit der Übersetzung ist. Marx, der an Rousseau anknüpft, verwendet den französischen Begriff *aliénation* (lat. *alientio*), der aber mehrdeutig ist, und einerseits ‚verkaufen' oder ‚veräußern' bedeuten kann, oder andererseits Entfremdung, im Sinne von ‚fremd werden'. Aha! Das hätte man damals schon wissen sollen, denn erst so machen Marx' Gedanken, z. B. über die ‚Entfremdung der Arbeiterschaft' erst richtig Sinn. Warum hat uns das damals niemand gesagt? Oder hatten unsere Lehrer damals, auch keine Ahnung? Ich frage mich, was sonst noch alles durch das Gitter der schulischen Ungenauigkeit gefallen sein mag.

Gibraltar, Kurs Ost

Ein wunderschöner Tag mit blauem Himmel, blauer See mit gelegentlichen weißen Gischthäubchen und einem fotografierwürdigen Sonnenaufgang. Offensichtlich ist der Unterschied zwischen Nordsee und West-Atlantik daran zu erkennen, dass die Nordsee grau und der Atlantik blau ist, man braucht keine Seekarte. Ich bin neugierig, ob uns auf dieser Reise auch ein grünes Meer begegnen wird.

Heute Morgen kamen einige SMS-Nachrichten aus Indonesien, gerade in dem Moment, als ich mich aus dem Bett löste und der Erste Offizier von der Brücke in meiner Kabine anrief: „Gehen Sie mal nach Backbord (jetzt weiß ich wo das ist!) auf das Nock-Deck (weiß ich inzwischen auch), ich glaube, wir empfangen gerade Handy-Signal von Portugal". Ein Leuchttürmchen blinkte uns von der Küste und in den Sonnenaufgang, Kontakt mit der Welt und dann überraschend guten Schiffskaffee und Frühstück. Alle Zeichen für einen guten Tag.

Gestern, ‚Seemanns Sonntag', Eis gab es zum Mittagessen, und zwar riesige Mengen davon, aber in der Qualität doch nicht zu vergleichen mit den italienischen Produkten von Berchtesgaden oder Kissingen. Und Lachs.

Abends, gerade so, um dem Tag die Spitze aufzusetzen, einen formellen Empfang beim Kapitän (also Batikhemd auspacken), Rotwein und eine offizielle Begrüßung an Bord im Namen der Reederei. Der Erste Offizier und der Erste Maschinist (aus Freiberg) erzählten lustige Geschichten aus der alten Zeit, als die Reederei F. Laeisz noch die DSR in Rostock war (vor Treuhand- und Wende-Zeiten, also) und die Offiziere Kader auf dem Schiff sich mit Genosse anreden mussten. Dann Geschichten von ihren Fahrten zu sozialistischen Bruderländern wie Kuba oder zum Klassenfeind woanders in der Welt. Andere interessante Themen wie dramatische Schiffsunglücke wurden angerissen, andere nur gestreift wie Astronavigation mit Sextant oder Syphilis nach Hafenaufenthalt in exotischen Ländern.

Der Kapitän versprach mir auf mein Drängen hin, bei nächster Gelegenheit die Funktion eines Sextanten zu erklären und mich in die Anfänge der celestialen Ortsbestimmung einzuweisen („Wie muss ich die Sterne angucken, um von Felixstowe nach Jakarta zu kommen?"), meinte aber vorsichtig-abwehrend: „Wir müssen das verdammte Ding aber erst mal finden". So war es denn auch am übernächsten Tag. Der Sextant fand sich nach halbstündiger Sucherei in dem Kabuff hinter der Brücke, dem Kartenhaus, eigentlich genau dort, wo er auch hingehört. Das Kästchen wurde vorsichtig geöffnet und es zeigte sich, dass das Instrument noch originalverpackt war. Mit anderen Worten, in den sechs oder sieben Jahren, in denen dieser Frachter über die sieben Weltmeere schipperte, hatte niemals jemand damit gearbeitet, „eine Sonne geschossen", (Jargon) oder sonst wie damit nach dem Lauf bestimmter Himmelskörper gesehen. Der

Kapitän fragte den Wachoffizier „Kennst du dich mit dem Ding aus?" – „Ja, hab' ich früher mal gelernt...", und schaut weiter auf sein Radarbild und die digitale GPS-Karte neben dem Radar, wo unser Schiff metergenau zu sehen ist. Erstaunlich fand ich, dass trotz aller moderner Hilfsmittel immer noch Kurs und Position regelmäßig per Hand und mit Bleistift(!) auf eine Seekarte gemalt wird. Ich weiß jetzt auch, warum in den einschlägigen Tabellenbüchern für jeden Tag und für jede Breite die Zeit der Dämmerung minutengenau angegeben ist, wobei es dann auch noch zu allem Überfluss eine zivile, eine nautische und eine astronomische Dämmerung gibt. Ist aber wichtig. Denn genau in diesem kurzen Moment, wenige Minuten am Morgen und am Abend kann man sowohl den Horizont als auch die Sterne beobachten – wenn da keine Wolken am Himmel sind. Ein kleines bisschen was habe ich doch an diesem Tag gelernt. Wenigstens so viel, dass ich jetzt weiß, dass die Sextant-Methode für einen Geländegeologen kaum einen Nutzen bringt.

Durchfahrt durch die Meerenge von Gibraltar

Meine freudige Erregung an diesem Nachmittag wurde von vielen Ursachen angetrieben: Erfolgreiches Telefonieren nach Deutschland und Indonesien, die Vertiefung eines wichtigen Geschäftskontaktes mittels SMS, das ausgezeichnete Wetter und die Tatsache, dass wir diese Durchfahrt bei Tage und nicht, wie bei anderen Reisen dieses Schiffes, bei Nacht erreichen konnten. Die wichtigste Bedeutung von Gibraltar für die Seefahrer und mich ist nicht die historische Sicht („Warum ist Gibraltar britisch?"), auch nicht die Tatsache, dass man zu Zeiten rechts Afrika und links (backbord!) Europa beobachten kann, nicht die Tatsache, dass man unzähligen anderen Schiffen begegnet, die sich auch durch diesen nautischen Flaschenhals drängeln, nicht die verschiedenen Leuchttürme, die die Schiffe leiten, nicht die klassische Silhouette des Affenfelsens, nein alles dies ist sehr unwichtig im Vergleich zu der Möglichkeit, hier per Handy wieder mal Kontakt mit der Welt aufnehmen zu können. Und tatsächlich krabbelten wie ich innerhalb weniger Minuten die Seeleute und Passagiere an Deck, zum Teil nur spärlich bekleidet, da gerade auf Nachtwache und eigentlich tagsüber zum Schlafen verdonnert, ein jeder mit seinem sorgfältig aufgeladenen Handy und führten ihre Gespräche mit der Heimat, wo immer das auch jeweils gewesen sein mag: Rostock, Freiberg, Weinberg, Kissingen, Jakarta, Moskau, in die ganze Welt oder zumindest den uns bekannten Teil davon. Einer glücklich zwitschernd irgendwo in einem windstillen Eck, andere ernst oder gestikulierend, ein Offizier, ganz offensichtlich auf Brückenwache, mit dem Handy in einer Hand und dem Dienstfernglas in der anderen.

Außer Essen, idealerweise dreimal am Tag, braucht der seefahrende Mensch die Gelegenheit, mit seinen Lieben daheim zu reden. Das geht wohl Allen so. Es ist doch immer wieder erstaunlich, wie viel wir (Menschen) alle gemeinsam haben und wie wenig uns voneinander unterscheidet. Ich hoffe, dass mir diese naive Friede-Freude-Eierkuchen-Weltsicht bis zum Ende der Reise oder Ende meiner Tage erhalten bleibt. Weltsicht: backbord Europa – steuerbord Afrika, jeweils die Küste ganzer Kontinente. In der Fernglassicht erscheinen interessante Berge und Felsen und darauf lange Zäune, bestehend aus

Windmühlengeneratoren. In den Buchten Ansammlungen von Häusern orientalischer Bauweise, schachtelförmig und aus der Ferne gelblich. Im Vordergrund Delphine, die ersten auf dieser Reise und im Hintergrund wieder allerlei Schiffe. Beachtenswert dabei ein großer unförmiger Frachter mit Heckklappe im Geleit zweier kleiner Kriegsschiffe mit amerikanischen Hoheitszeichen. Ob die Amerikaner die ersten Panzer aus dem Irak nach Hause fahren? Ob heute Nachmittag um vier (Ortszeit Gibraltar) der Krieg langsam zu Ende geht?

Im Mittelmeer

Heute nur ein kurzer Eintrag. Nicht, dass ich geplagt von Seekrankheit in meiner Kabine darniederläge, nein, unerwartete Geschäftssachen, die mich tatsächlich hier auf dem Schiff erreichten, beanspruchen meine Zeit. Auch die Notwendigkeit, die Gewohnheit eines Mittagsschläfchens wieder aufzunehmen, beanspruchte einen weiteren, großen Teil dieses Tages.

Das Mittelmeer, so wie ich es heute erlebe, ist leicht dunstig bis neblig und ganz, ganz ruhig. Nicht das geringste Rollen des Schiffes, man könnte fast Billard spielen. Während der Nebel in der Biskaya kalt und windig war und nach wenigen Minuten die Brille mit einem salzigen Belag zukleckerte und klamme Feuchtigkeit in die Kleidung trieb, ist dieser mediterrane Nebel viel besser, er ist mild und warm und liegt über einer spiegelglatten Meeresoberfläche, aus der gelegentlich das eine oder andere Fischchen aus dem Wasser aufhüpft.

Vor der Küste Algeriens und später Tunesiens, Kurs Ost

Bei der Durchfahrt durch die Straße von Gibraltar kann man die genaue Grenze zwischen Atlantik und Mittelmeer sehen. Es ist eine klare, metergenaue Linie, in der die Wellen eine etwas andere Form haben und die Farbe des Wassers von graublau im Atlantik zu tiefblau im Mittelmeer wechselt. Zunächst hielt ich dies für eine zufällige Erscheinung, wurde dann aber von zwei erfahrenen Seeleuten in meiner Interpretation dieser Beobachtung voll bestätigt. Diese gut sichtbare Trennungslinie ist beinahe immer und bei der Durchfahrt zu beobachten und wird – ich hätte es ja selbst wissen können – verursacht von leicht verschiedenen Temperaturen und Salzkonzentrationen im Meerwasser an dieser Stelle. Genau genommen fließt das Oberflächenwasser immer vom Atlantik in das Mittelmeer, denn dort liegt der Wasserspiegel wegen Verdunstung eineinhalb Meter tiefer. Das hat uns damals schon unser Erdkundelehrer – ich erinnere mich sogar noch an seinen Namen – in Kissingen erklärt.

Nochmal Gibraltar: Ich kann mir vorstellen, wie die Seefahrer der Antike diese Seepforte, die sie die ‚Säulen des Herakles' nannten, gesehen haben mögen: Hier das glatte und schnuckelige Mittelmeer und da draußen der raue, kalte und menschenfeindliche Atlantik. Warum, um Himmels willen, wollten diese Leute denn damals mit ihren kleinen Holzbötchen und völlig unausgereifter

Takelage aus Stricken und antiken Textilien dort hinaus fahren, dorthin, wo es kalt und windig ist und wo man gar nicht wusste, was danach wohl kommen könnte. Waren sie getrieben von ihren Vorgesetzten, irgendwelchen Kaisern, von der Gier nach Reichtum, der sich vielleicht dort draußen zusammenraffen ließe oder war der Antrieb schlichte menschliche Neugier auf das, was da draußen wohl noch sein könnte? Wenn ich das so weiter denke und versuche aus der Perspektive der Antike zu sehen, kommt mir das Unternehmen, aus dem Mittelmeer in den Atlantik segeln zu wollen, genauso verwegen vor wie Kennedy, der damals in den sechziger Jahren vorschlug, „einen Menschen auf dem Mond zu landen und diesen wieder sicher zur Erde zurückzubringen". Wahrscheinlich sind die Menschen eben so gestrickt. Als Kontrast dazu ein Zitat von Blaise Pascal[15]: „Das ganze Unglück der Menschen rührt allein daher, dass sie nicht ruhig in einem Zimmer zu bleiben vermögen". Und da sitze ich nun auf meinem Frachter und fahre auf eine piratenverseuchte Meerenge im Osten Afrikas zu.

Abendessen: Pizza (weil wir im Mittelmeer sind?). Der sehr gediegene Chief-Steward (aus Kiribati) – es gibt nur einen Steward, aber der ist Chief – sagt uns, wie ein Ober in einem erstklassigen Restaurant das Tagesmenü auf: „*Sir, we have Pizza....*", und an dieser Stelle bricht er jählings im Satz ab und guckt mich erwartungsfroh an und ich warte ebenso gespannt, wie die Aufzählung des Menüs weitergehen könnte. „Und was noch?", denke ich.

---

[15] Blaise Pascal war ein französischer Mathematiker, Physiker und Philosoph (1623-1662). Nach seiner Auffassung war die Grundlage des menschlichen Erkennens das intelligente Zusammenspiel von Verstand und Herz.

Ich warte ein, zwei lange Sekunden. Da kommt aber nichts mehr, es gibt eben nur Pizza, nichts anderes, friss oder stirb. Und doch ist diese seriöse Gediegenheit bewundernswert und immer wieder überraschend, mit der der Herr in seinem weißen Anzug zum heutigen Menüvorschlag ausholt, gerade so, als ob er den Bogen von Austern über Fasanenbrüstchen mit Trüffeln zu Portwein spannen wollte und dann leider – ach so bedauerlich – heute leider nur eine einfache Pizza ankündigen kann. Dieses Ritual in der Messe geschieht bei jedem Essen und ist filmwürdig. Also bestelle ich heute nach Durchsicht dieser langen, aber leider nur imaginären Speisekarte, die kleine Pizza. Sie wird stilvoll – wie das vorhin vorgetragene Menü – auf einem Porzellanteller mit kobaltblauem Rand und rotem Reedereisignet serviert. Ich werde mich lange daran erinnern.

Es hat sich während der letzten Tage so eingespielt, dass ich nach dem Abendessen meine Thermosflasche vom Steward mit Kaffee für die Nacht befüllt bekomme. So kann ich noch einige Stunden länger wach bleiben, durch das Achterfenster in die Nacht schauen und dabei auf Kurzwelle Radio hören, unsere Position auf dem Bildschirm verfolgen und Briefe an Freunde – wie diesen – in den Laptop tippen.

Nach der im Grunde genommen doch recht mediokren Pizza, ein Sonnenuntergang vom allerfeinsten! Praktischerweise habe ich Aussicht über das Achterdeck und kann so, bei Ostkurs, den Sonnenuntergang direkt neben meinem Laptop erleben. Ich sinniere in meiner Kabine, dass morgen, wenn die Sonne über dem Bug des Schiffes, über allen diesen Containern, die nach Asien wollen, wieder aufgeht, meine Geschäftsnachricht, die gerade vom Kapitän und vor der Küste Tunesiens per Satellit durch das Reedereisystem abgeschickt wurde, morgen über Korea, Rostock und dann London meinen neuen Klienten in Kuwait erreicht haben sollte. Morgen, genau um vier Uhr morgens, so hat es der stets um mein Wohl besorgte Erste (und daher Chief-) Offizier ausgerechnet, fahren wir an den sizilianischen Außeninseln (Pantelleria, Linosa, Lampedusa) und dann an Malta vorbei. Dort sollte sich wieder eine Gelegenheit ergeben, mit dem Handy in der Welt herumzutelefonieren und zu sehen, ob meine geschäftlichen Erwartungen richtig sind. Es wäre ja wirklich schön, wenn ich nach dieser See- und Lustreise nach meiner Ankunft in Jakarta ein neues Projekt und wieder Arbeit hätte.

Morgen gegen Mittag segeln wir voraussichtlich an Malta vorbei und ich frage mich, ob es dann ortsspezifisch dazu einen Malteser Schnaps zum Mittagessen gibt, so wie heute Pizza, kurz vor Sizilien.

Südöstlich von Sizilien und später Malta, Kurs Ost

„In Wirklichkeit sind die Gesetze immer den Besitzenden nützlich und den Habenichtsen schädlich", ich habe das zweite Buch meiner Reise durch: Rousseaus ‚Gesellschaftsvertrag', einblickschaffend, doch so richtig augenöffnend waren eigentlich erst die Kommentare und die ‚Hinweise zur Interpretation'. Da wird allerhand Bekanntes und Unbekanntes aufgezeigt und endlich zueinander in Beziehung gesetzt. De Groot, Hobbes, Locke und Montesquieu – Ausblicke, die bis Marx und noch weiter reichen. Vielleicht war ja der Wissenskrempel, den sie uns damals in der Schule *qua* Kurrikulum und Kultusministerbeschluss einfüllen wollten, doch gar nicht so abwegig und nutzlos wie es damals ausgesehen hatte. Könnte ich heute die Welt besser verstehen, wenn ich diesen Schulstoff tiefer inhaliert hätte (anstatt anderem Rauchzeug)? Es überrascht mich selbst, dass derlei trockene Materie wie Staatstheorie und Sozialphilosophie für einen technischen Grips wie Unsereinen, doch so fesselnd sein kann. Ob es vielleicht daran liegt, dass man auf so einer Reise endlich einmal die Ruhe und den geistigen Frieden hat, um solche Gedankengänge weiterzudenken? (Notiz an mich selbst: Ich muss unbedingt noch eine andere Seereise machen und mehr Bücher lesen!). Ich habe noch zehn Tage und zwei Bücher übrig. Vielleicht besteht die Kunst der optimalen Gestaltung einer solchen Reise unter Anderem auch darin, für eine bestimmte Route die passende Lektüre mitzunehmen. Etwa Romantisches für die Südsee, klassisch-Antikes für das Mittelmeer, Sklavengeschichten für die Fahrt durch das Rote Meer und Aufpeitschendes für den Atlantik?

Im Mittelmeer, südlich von Kreta

Obwohl wir immer noch gut 900 Kilometer von *Port Said*, der Einfahrt zum Suezkanal[16], entfernt sind, gibt es plötzlich Fernsehen aus Ägypten, Nil-TV, – in französischer Sprache (*pourquois?*): Nachrichten und vielerlei Ägyptisches, wohl zur Einstimmung auf den Suezkanal, dem optischen Klimax dieser Reise. Auf einem anderem

---

[16] Port Said, (arabisch: *Būr Saʿīd*) ist eine Hafenstadt im Nordosten Ägyptens am Suezkanal. Der westliche Teil der Stadt (*Port Said*) liegt in Afrika, der östliche (*Port Fuad*) in Asien; der Kanal bildet hier die Grenze zwischen den Kontinenten.

Fernsehkanal werden arabische Schrifttafeln gezeigt, begleitet von bayrischer(!) Blasmusik. Auch nach Minuten des Zusehens gelingt es mir nicht, nicht mal ansatzweise, den Sinn dieser multi-kulti Sendung zu erraten. Mein Ossi-Cousin würde hier sagen: „Die Bayern sind jetzt wirklich überall".

Gestern, südlich von Sizilien, gab es im Radio – natürlich – italienische Musik: italienischen Reggae, italienischen Techno (Rückschau Berlin), italienischen Rock und italienischen Blues, letzterer viel lebensfreudiger und viel weniger bluesig-depressiv als der Blues sonstwo in der Welt gespielt wird. Es war ein guter Tag mit guter Musik.

Ansonsten, nach der Feier des Kapitänsgeburtstages, gestern, heute Schiffsroutine: Der Speiseplan der nächsten Tage wurde ausgehängt, die Uhren mussten letzte Nacht wieder um eine Stunde vorgestellt werden, um sie der Ortszeit anzugleichen und heute Nachmittag ist Feueralarm mit Boot-Übung, „Wozu auch die Herren Passagiere herzlich eingeladen sind", sprach der Kapitän an Tisch eins beim Frühstück. Es herrscht auf dem Schiff ein ganz anderer Ton, als zu meinen Bohrplattformtagen, wo man immer im Schlaf von derlei Übungen überrascht wurde und dann auch noch innerhalb einer einzigen Minute samt schwerem Gerät wie Helm, Arbeitsschuhen, Gasmaske und Luftflasche auf Station erscheinen musste. Heute Nachmittag gehen wir in Ruhe in die Offiziers-Messe und üben mal in einem ganz zivilisierten Umfeld das Anlegen der Schwimmweste – „Bitte die Schwimmhilfe schön mit einem Schleifchen fest und vor der Brust sichern und zubinden". Zu allem Luxus noch wurde das

Schiff, mit all seiner eiligen Fracht, heute Morgen gestoppt, um diesen zu übenden Alarmfall ohne Fahrtwind, Wellen und bei ohnehin extrem ruhiger See, ganz realistisch zu üben. Also dümpeln diese, vielleicht in Singapur ach-so-dringlich erwarteten Container, proppenvoll mit knappen Wirtschaftsgütern, fünfzig Meilen südlich von Kreta einen halben Tag lang auf dem blauen Mittelmeer, bis wir unsere Schwimmwesten zurechtgefummelt haben.

Ich verliere die Orientierung. Solange das Schiff Fahrt macht, ist alles klar, seit Tagen fahren wir nach Osten, hinten, wo meine Kabine ist, kann ich nach Westen sehen. Aber jetzt, wo das Schiff antriebslos – und sogar ohne Anker – im Meer driftet, dreht es sich nach Wind in eine bevorzugte Richtung. Das verwirrt mich stark. Mal scheint die Sonne von rechts und eine halbe Stunde später von achtern. Daran muss ich mich erst noch gewöhnen.

Erinnerungen an Deutschland

Zurück zum Ausgangs- und Ansatzpunkt dieser Urlaubsreise, der Klein- und Provinzstadt Kissingen. Auch hier, wie mit der Love Parade, waren unsere Reisepläne langfristig so eingerichtet worden, dass wir zu dem Rakoczyfest, einem historisierenden Heimatfest, in Kissingen sein konnten. Der Rakoczy Sprudel, das ist eine der Quellen, der man eine Heilwirkung unterstellt und auf die Bad Kissingen seine Existenz gründet, Kissingens *raison d'être*. Ein anderer Grund mag die Kaserne[17] gewesen sein, um die sich die Kissinger zu Hitlers Zeiten beworben hatten.

---

[17] Die ursprüngliche Manteuffel Kaserne aus den 1930er Jahren wurde von den Besatzern, amerikanischen Truppen, übernommen und als Daley Barracks bis 1995 weitergeführt. Ihre Anwesenheit hat die Stadt in Teilen geprägt.

Kritische Gedanken, wie Kissingen und die Kissinger vielleicht sonst und ohne Kurbetrieb und ohne Garnison einen Lebensunterhalt erwirtschaften könnten, werden möglichst schon im Ansatz und mit der Wurzel ausgezupft. Mehrere amateurgeologisch motivierte Unternehmungen in der Kissinger Umgebung mit der Absicht, warme oder gar heiße Quellen zu erbohren, schlugen wegen falscher Einschätzung des Erduntergrundes, auf klägliche Weise fehl. Die heilenden (fast hätte ich geschrieben ‚heiligen') Wässer selbst, der Rakoczy-Brunnen und drei, vier andere Quellen, sind Salzwässer, die aus dem Zechstein, Perm, aufsteigen und Kissingen erst zu dem machen, was es ist oder gern sein möchte: Eine Kurstadt (engl. Spa) mit Weltbedeutung. Dabei ist es für die Kissinger in ihrem Selbstverständnis recht unbedeutend, dass der Zusammenhang der Quellen mit dem namengebenden Mister Rakoczy[18] und dessen Anwesenheit in Kissingen nicht einmal anekdotisch richtig belegt ist. Marketing-Trittbrettfahrerei wie andere bekannte Namen aus der Geschichte, die irgendwann mal irgendwie mit Kissingen verknüpft werden konnten – wie Bismarck (nach ihm wurden Panzerkreuzer, Türme und Heringe benannt), diverse bayrische Könige und Prinzregenten, Zaren, Barockbaumeister und andere illustre Figuren – werden von den Kissingern ergriffen und besetzt, um sich deren Namen an die Fahnen zu heften und die Originalpersonen mittels williger Laienschauspieler in zeittypischem Appareil zu einem Umzug zusammenzufügen und dem Volk, also den Kur- und anderen Gästen (wie uns zum Beispiel), vorzuführen. Allerdings fehlte in

---

[18] Benannt wurde die Heilquelle nach dem damals populären ungarischen Freiheitskämpfer Fürst Ferenc II. Rákóczi nach und seinem wilden, übersprudelnden Wesen. Der Fürst war nie in Kissingen.

dieser Ansammlung der Wichtigkeiten die Rolle des Herrn Neil Armstrong, dem ersten Fußgänger auf dem Mond, den die Kissinger dereinst einmal dreist mit dem Segelflugzeug aus der Rhön entführt hatten, damit er seinen Namen in das goldene Buch der Stadt einkritzeln konnte. Auch Andreas Baader, ein selbsterschossener, aber damals sehr bekannter Top-Terrorist der siebziger Jahre (man beachte: hier wieder ein Bezug zum Terrorismus), logierte angeblich mal klammheimlich in Bad Kissingen – also auch schon daher kein Eintrag in das Buch der Stadt, aber immerhin ein ‚gesucht'-Poster im Hauptpostamt.

Also, die Geschichte der Stadt, aus der Nabelperspektive der Kissinger, und die Absicht, damit Werbung zu betreiben und sich selbst darstellen zu können, bringt Kissingen dazu, ein mehrtägiges Heimatfest zu veranstalten, wobei versucht wird, allerlei Ah- und Oh-Zustände bei den Besuchern zu erzeugen. Das reicht in seiner Buntheit von Heißluftballonfahrten und Musik aller Richtungen (klassisch, marschiernd, rockend und sogar so modern und so kontemporär wie die siebziger Jahre) über pyrotechnisches Feuerwerkeln zu Kerzenlichtlein, die in dem kleinen Flüsschen Saale herunterschwimmen, ein Effekt, der eigentlich von einem fernöstlichen Brauch (Vietnam?) für lokale Kissinger Zwecke adaptiert wurde. Und da der Mensch zum Feiern nicht nur einen Umzug und Feuerwerksgekrache braucht, wurden, anlässlich dieses Festes, an allen strategischen Punkten der Stadt Eß-und-Trink-Läden aller Façon installiert: Elsässische Flammküchlein (eine Art proto-Pizza), Käse (frisch aus Italien oder Frankreich oder in der Form der fränkischen Endlösung des Camembertproblems als *Obatzder* bzw. Gerupfter mit Brot), und noch vielerlei mehr Nahrhaftes, zudem Bier, Wein und Apfelsaftschorle bis zum Abwinken. Auf den, bei dieser Gelegenheit von mir erstmals, genossenen fränkischen Rotwein, muss ich später noch eingehen.

Sommerfest

Es war ein Fest! Die Stadt war voll Menschen, was für den, der Kissingen kennt, die große Ausnahme ist. Meine Frau zeigte sich beeindruckt von der Menge und der anscheinend flexiblen Mentalität der Kissinger, die auch tatsächlich mal südländisch-gelassen feiern können. Der Cousin aus Berlin trug seine Lederhosen (kein Laptop!), und ein Schwager aus Schwaben trug ein neues Wort aus dem Schwäbischen zu unserem javanisch-deutschen Wortschatz bei: *operlelo* (z. dt.: abperlen lassen), womit wir wieder beim Thema wären, dem Regen, der auf des Schwagers Schirm abperlte. In diesem Jahrhundertsommer, trocken und jeder Tag ein Hitzerekord, regnete es nur bei den zwei Hauptereignissen dieses Sommerfestes: Nachmittags beim Umzug und abends beim Feuerwerk. Während beim Umzug die vom Regen ungebrochene Auftragserfüllung der Darsteller beachtenswert war, schien das Feuerwerk von einer ganz anderen Erlebnisdimension: Ich habe zwar schon viele Feuerwerke gesehen, aber ein Feuerwerk bei einem Sturzregen, der in Jakarta hätte kaum heftiger sein können, war mystisch und wie von einer anderen Welt. Während da Wasser durch die Schuhe einzog und Regentropfen den Weg in die allerinnersten Zipfel der Kleidung fanden (die Jacke hatte ich zur Abdeckung des Fotowerkzeugs gebraucht), glitzerte und krachten oben die Raketen und die Brillianz der vielfarbigen Feuerblumen wurde durch die Regentropfen auf meiner Brille vervielfacht. Wahrlich einzigartig!

Heimatstadt

Ich kann es nicht lassen: Kissingen, dereinst, damals, meine Heimatstadt. Deswegen nehme ich mir auch die Freiheit, die Stadt in diesem Zusammenhang als Kissingen und nicht als Bad Kissingen anzusprechen, ‚Bad' Kissingen ist die Stadt der Kurgäste und der Fassaden, die gerade mal für vier Wochen Kuraufenthalt schön und unterhaltsam sein mögen. Jedes Mal, wenn ich nach Kissingen zurückkomme, vermittelt mir die Stadt ein anderes Gefühl. Gelegentlich mal als hübsches verschlafenes Nest mit dem Staubzuckerauftrag herber Naturschönheit, öfter jedoch als Ansammlung grauer und gesichtsloser Häuser und selbstherrlichen Gründerzeitvillen, hingeduckt im kalten Dezemberregen und zwischen den unbedeutenden Hügeln der Vor-Rhön.

Ja, sicher, es hat sich vieles geändert seit damals, als ich noch dort lebte, aber die Grundtonart ist geblieben: E-Moll mit nur gelegentlichen Exkursionen in ein kuscheliges As-Dur im Seitenthema. Die Vortragsanweisungen in Kissingen lauten immer auf immer als *andante lente e molto grave* gespielt (man muss nur den langsam schlurchenden Gang der Kurgäste betrachten) und nur in wirklich warmen Sommernächten (wie in den Momenten des vorher schon beschriebenen Rakoczyfestes oder damals vor dreißig Jahren nach meinem Abitur) scheint die bräsige Betriebsamkeit der Stadt in ein leichteres *con brio* zu verfallen, ge*swingt* oder gar gerockt hat Kissingen sowieso niemals. Wenn schon Kissingen und Musik, dann muss man auch die Marschmusik ansprechen, amerikanisch (P. Sousa: *"Stars and Stripes Forever"*) oder mit treudeutscher Bodenhaftung ("Lili Marléne"). – Die, die es angeht, werden diese Anspielung nur zu gut verstehen.

Ja sicher, Kissingen, die verschlafene Kleinstadt, die sich für romantisch hält, entwickelt sich. Da werden allerlei neue Häuser aufgestellt, Kissalis, ein verrücktes Kur- und Badezentrum zwecks Kommerz und Volksgesundheit, Geschäfte ("Lidl") und Eßläden (McDonald's, wie in Schweinfurt, Singapur oder Moskau) aufgemacht und führen dazu, dass Kissingen anderen Städten immer ähnlicher wird, wobei der Kissinger McDonalds (beim alten Schlachthof, wegen seiner interessanten Ziegelsteinarchitektur Ochsenkathedrale genannt) ästhetisch ansprechend ist. In der Fußgängerzone fehlt immer noch der Beate-Uhse-Laden, Tchibo und Nordsee sind schon vertreten und das ‚obere' Ende der Zone ist topographisch durch das ‚Mäuerle' (auf das ich später noch zu sprechen kommen werde) vor dem Landratsamt definiert. Kissingens einziger Sex-Shop steht in absurder Geschäftslage gegenüber einem Altersheim und in unmittelbarer Nähe der katholischen Pfarrkirche (es gibt drei katholische Kirchen, die für das Seelenheil sorgen). Kissingens – damals – einziger Puff (verkehrsgünstig in der Kapellenstraße, gegenüber vom ehemaligen Säumarkt, beides einst unterhaltsam auf meinem Schulweg) wird auch gerade abgerissen oder womöglich zum Fremdenverkehrsamt umgewidmet. Der Verfall der Stadtsubstanz geht weiter: Die Geschäfte der Innenstadt, damals ein Sammelsurium dessen, was der Mensch (also ich, damals) so brauchte, wandeln sich zu Geschäften, die verkaufen (wollen), was der Mensch kaum braucht: Indianerschmuck, Musik-CDs zum Kuscheln (früher hieß das prosaisch FuMu[19] oder despektierlich Aufzugsmusik), oder Lederwaren, die eigentlich aus Plasten gemacht sind. Eine wichtige Ausnahme von diesem Abwärtstrend ist die italienische Eisdiele (Eiskaffee!) in der Ludwigstraße.

Wie ich Kissingen nun so aus der Zeitraffersicht eines ausländischen Besuchers betrachte, der nur alle paar Jahre mal wenige Tage in der Stadt verbringt, fällt mir ein, dass ein Hauptstück Kissingens nun nicht mehr besteht: Die US-Kasernen. Dieses Militärgebiet, entstanden in der Vorkriegszeit, war damals der Gegenpol zu Kissingens Kurbetrieb. Dicke Panzer fuhren zu den außergewöhnlichsten Tageszeiten durch die Stadt und später über die neue Umgehungsstraße zu ihrem Übungsgelände. Armee-grüne Hubschrauber flogen von hie nach da, ein Spektakulum für uns Schulkinder. Das Gelände selbst liegt hinter einem Hügelkamm nah, aber doch gut getrennt von der Stadt und war damals ebenso geheimnisvoll wie unzugänglich. Man sprach von Atomraketen, die dort stationiert sein könnten, riesigen Munitionslagern, ja womöglich Kampfgas und dergleichen. Gesehen hat es damals keiner – außer mir. Ich glaube schon, dass meine Beobachtung von Nike-Raketen richtig war, auch die Sichtung von seltsamen langen Tanks, die dazu gut

---

[19] FuMu (=funktionelle Musik), später auch unter dem Markennamen *Muzak* sollte bei den Hörern positive Gefühle und bestimmtes Verhalten auslösen, zum Beispiel in Läden den Kaufreiz stimulieren oder bei Kühen die Milchleistung erhöhen.

sein könnten, die nuklearen Gefechtsköpfe zu transportieren oder zu lagern. Wozu sollte denn dieses Gelände sonst mit Radar und *Hawk*-Flugabwehr gesichert gewesen sein? Ich erinnere mich auch, wie damals, als der Kalte Krieg besonders kalt war, amerikanische Düsenjäger Tiefflugangriffe auf das Gelände simulierten, was mich bei meinen Hausaufgaben ungemein behinderte, denn ich musste jedes Mal zum Küchenfenster rennen, um zu verfolgen, was genau denn da herumflog. Die Jets, die damals militärisch in Mode waren, machten viel Lärm und hatten keine Radarnase, ähnlich den russischen Mig-17 dieser Zeit. – Bei diesem Besuch war das Übungsgelände entzaubert und ein Rock-Festival wurde nun dort inmitten des naturgeschützten und typisch fränkischen Kalkboden-Trockenbiotops veranstaltet.

Zurück zur Kaserne in der Stadt. Dort war, wie es uns damals schien, ein Fester zu Welt. Meine ersten Kontakte mit industriellem Speiseeis, schon damals überhaupt nicht vergleichbar mit den Produkten des lokalen Italieners, mein erster Kontakt mit Erdnuss-Plätzchen und Orangensaft fand in dem PX-Laden der Kaserne statt. Wir, kleine Schulkinder, trugen uns in das Kondolenzbuch ein, das anlässlich Kennedys Ermordung ausgelegt war. Später, der Wind der Kultur hatte sich gedreht und unsere Interessen sich geändert, gab es jeden Donnerstagnachmittag Musik im *Officers' Club*. Zwar wurden wir (weil minderjährig) oft, wenn auch relativ freundlich hinausgeworfen, aber die Musik bleibt unvergesslich: Die erste *funk*[20] *music* in unseren Ohren, *live* gespielt von dunklen Amerikanern afrikanischer Abstammung, mit Sonnenbrille, bunt bestickten Mützchen und laut-farbigen Togas, die so ganz extrem anders waren als die sonst üblichen Uniformen oder Jeans-mit-T-Shirt. Ich erinnere mich zwar nicht mehr an die Titel, die damals gespielt wurden, aber ganz klar an jeden einzelnen Ton aus dem Tenorsaxophon der *brass-section*. Es ist nicht abzustreiten, dass diese Musik für mich meinungs- und geschmacksbildend war. Quasi als Konserve, musikalische Marschverpflegung und zur Nachbereitung (in der Schule!) wurde der Soldatensender AFN[21], damals, neben dem Deutschland-Sender aus der DDR, die einzige Station auf der Mittelwelle, mein Hauptprogramm und mein Privatlehrer für die englische Sprache. Später, der Vietnamkrieg hatte begonnen, erlebten wir mit Traurigkeit, wie viele unserer amerikanischen Freunde ihren Marschbefehl nach ‚Nam' bekamen und aus unsererm Blickfeld verschwanden. Dann, wie einzelne Rückkehrer aus ‚Nam' ihre Erlebnisse mit diesen seltsamen konischen und selbstgedrehten Zigaretten betäubten und uns auch gelegentlich daran teilhaben ließen. Es war eine große Gemeinschaft und *„Make love not war"*, war die neue Parole.

---

[20] Funk ist der Oberbegriff für eine Spielart ursprünglich afro-amerikanischer Musik, die sich Ende der 1960er Jahre aus verschiedenen Einflüssen des Soul, *Rhythm and Blues* und Jazz entwickelt hat und wiederum spätere Musikstile stark geprägt hat.

[21] AFN (*American Forces' Network*), war ein weltumspannendes Radionetz des amerikanischen Militärs zwecks Unterhaltung und 'Information' der Truppen. Der hier angesprochene Sender war bei etwa 1.240 kHz auf Mittelwelle zu hören, sendete von Nürnberg und gehörte zu der europäischen Kette des Netzes.

Ich glaube hier aufgezeigt zu haben, wie wichtig die amerikanische Garnison uns damals (mir) aus verschiedenen Gründen war, und so mag es umso glaubhafter werden, wenn ich schreibe, wie fahl und uninteressant dieses Gebiet jetzt geworden ist: Einzelhandelsdiscounter, eine verschlafene Polizeiwache und ein Gründerzentrum, in dem sich innovative Firmenneugründungen mittels immer neuer Bankkredite gegen den kalten Wind der Wirtschaft zu verteidigen suchen – und jede Menge leere Parkplätze.

Noch erhaltener Kristallisationspunkt meines Kissingen von damals ist das – vorher schon erwähnte – ‚Mäuerle', Quader aus dem Oberen Muschelkalk, die genau in Sitzhöhe den immergrünen Vorgarten des Landratsamtes eingrenzen. Das war unser Treffpunkt in der Stadt, mit den Amerikanern, mit Freunden und natürlich mit Mädchen, die wir kannten oder solchen, die wir noch nicht kannten. Nicht selten begleitete eine Gitarre, ein Transistorradio (*ghetto blaster*) oder eine 2-Liter-Flasche Lambrusco dieses oft stundenlange Ritual des am-Mäuerle-Sitzens und auch eiskalte Frostnächte waren damals nicht grimmig genug, um unsere Begeisterung abzukühlen. Endlose Versuche seitens der Stadtverwaltung, eine Form von Ordnung in dieses Eck der Stadt (also uns, damals) zu bringen, scheiterten stets. Heutzutage ist die Situation durch das Hinstellen zusätzlicher Parkbänke, die allerdings meist von Kurgästen besetzt sind, entschärft. Man sitzt eben nicht mehr auf dem Mäuerle. Ich aber schon! Bei meinem Besuch mit Frau, beide weißwurstverzehrend und beobachtet von dem scharfen Auge der Kissinger Bürgerschaft (Bildzeitung:

„Ausländer essen Weißwurst – unglaublich!"). Und wieder bei diesem Besuch, schwarzbekleidet, mit Sonnenbrille und einem extra für diesen Zweck mitgebrachten bunt besticktem Haji-Mützchen. Und nichts passierte! Keine *funk music*, die von irgendwoher erklungen wäre, nicht einmal mehr die scharfen Blicke der Kissinger Bürgerschaft, nein, nur Gleichgültigkeit war allerseits zu erspüren. Die Zeiten haben sich gewandelt.

Haben sie auch, die Zeiten, und darüber gibt es sogar Gutes zu berichten. Wenngleich nicht aus Kissingen direkt so, aber doch aus dem Landkreis, genauer gesagt aus der Nähe des Kissinger Kreismülldeponie, der Gemeinde Ramsthal. Dieser Ort wird stets im Triplet mit den Nachbargemeinden Wirmsthal (mit dem Müllplatz des Landkreises) und Sulzthal in einem Satz genannt. Die drei Dörfer definierten die bislang nördlichste Grenze des Weinbaus in Bayern. Unser alter Englischlehrer aus dem Rheinland pflegte hinzuzufügen: „...und schmeckt auch so". Zumindest mit Hinblick auf diesen Sommer, der extrem heiß war, will man annehmen, dass sich diese Grenze noch weiter nach Norden verschiebt und noch viel weiter verschieben wird. Nun, in weiser Voraussicht haben die Ramsthaler Weinbauern vor einigen Jahren angefangen, Rotwein anzubauen und es in kurzer Zeit erreicht, daraus einen hervorragenden Wein zu keltern. Nein, nicht einen Wein, sondern derer drei, vier, die da wären: Dornfelder, Domina und einige andere. Der (oder die?) Domina ist verfügbar in Reingeschmack (mir fehlt hier die önologische Fachterminologie) und, als Alternative, ausgebaut im Holzfass, was dem Wein dann einen Zugeschmack gibt, der in Richtung Portwein oder Sherry deuten mag. Ich hatte zwei gute Gelegenheiten, dies neue

Getränk, fränkischen Rotwein, zu kosten: Einmal beim Rakoczyfest und zwar hinter dem Rathaus, wobei selbst der biedere fränkische Dornfelder über einen italienischen Konkurrenten im Vergleich siegte, und ein weiteres Mal in Ramsthal selbst. Dort verbrachten wir einen Abend mit Bruder, Schwägerin und deren Bekannten und ich genoss neben dem Wein die Stimmung der Lokalität. Eine Heckenwirtschaft[22], Tische zwischen leeren Edelstahlweinfässern und über dem Bereich des ehemaligen Bauernhofes, das einmal der Misthaufen gewesen sein mag, jetzt aber zuzementiert, saßen wir in der Nähe anderer friedlicher Zecher und freuten uns über den Wein, den ruhigen Tag, den warmen Abend, und allgemein unseres Lebens schlechthin. Meine Anregung, auf den umliegenden Höhen (Fränkische Trias: Unterer Muschelkalk, und landwirtschaftlich kaum nutzbar) vielleicht auch Oliven anzubauen, wurde mit ablehnendem Staunen zurückgewiesen. Trotzdem: Ich wäre kein bisschen verwundert, wenn ich bei einem meiner Besuche in der Zukunft auch fränkische Oliven zum Wein angeboten bekäme. Ich frage mich nur, ob sie grün oder schwarz sein werden, aber ohne Zweifel, sie werden sehr gut schmecken.

---

[22] Eine *Heckenwirtschaft* ist ein informeller Gastbetrieb (z. B. ein Bauernhof, eine Garage, etc.), in dem für wenige Tage - wie z. B. hier im Sommer oder während der Federweißenzeit im Herbst, - Wein oder Federweißer ausgeschenkt werden und werden dürfen. Eine Auswahl an einfachen Speisen und improvisierten Gerichten ergänzt meist das Angebot.

Suezkanal und Rotes Meer

Nördlich von Alexandria, Anfahrt nach *Port Said*

Die Nacht war ein wenig bewegt, das Schiff rollte und ich mit ihm in meinem Bett. Nichts Dramatisches, nur eben rückt der Gedanke näher ab *Djibouti*, Somalia, möglicherweise Piraten zu begegnen und später dann, nach der Ausfahrt aus dem Roten Meer vielleicht doch ein paar Tabletten gegen Seekrankheit im Indischen Ozean einwerfen zu müssen. Aber es ist auch noch genug Zeit, um darüber nachzudenken. Ich verstecke zunächst Geld und wichtige Papiere (mein Pass ist ja noch beim Kapitän) in einem Verschlag im Gang vor meiner Kabine, bin mir dabei aber ganz und gar nicht sicher, ob das wirklich eine gute Idee ist. Angenommen, Piraten kämen an Bord, wäre es dann glaubhaft, wenn ein Passagier behauptete, er hätte kein Geld? Oder würde die Situation dann eskalieren?

Heute ist Waschtag. Ganz im Gegensatz zu den Öl-Rigs, wo einem solche profane Arbeit von Stewards und Roomboys abgenommen wird – dort musste man nur seine dreckigen Klamotten irgendwo in der Kabine sichtbar auf dem Fußboden verstreuen – hier wäscht der Seemann (und der zahlende Passagier) in der Christlichen Seefahrt seine Wäsche selbst. Die Deutschen waschen auf dem E-Deck, die Russen, Engländer und Amerikaner auf dem F-Deck. Der Grund dafür liegt nicht in nationaler Diskriminierung, sondern an der Tatsache, dass die Waschmaschine auf dem E-Deck Deutsch spricht (nebst darauf liegender 48-seitiger Bedienungsanleitung von Miele, gewürzt mit diversen Achtung- und Vorsicht-Hinweisen. Die andere Waschmaschine (F-Deck) muss in englischer Sprache betrieben werden. Keinesfalls ein trivialer Unterschied, man versuche doch nur einmal den Begriff „knitterfreier Schonwaschgang mit verlängerter Einweichphase" eindeutig, kurz und ohne Bedeutungsänderung ins Englische zu übertragen (schwirig, gell?). Auch die Konversation bei Tisch, neben den Passagieren teilnehmend Kapitän und Dritter Offizier, berührte heute wichtige Themen der Haushaltsführung und diskutierte dabei ausführlich, ob Oberhemden besser mit dem Kragen nach oben oder nach unten auf die Trockenleine zu hängen seien, wobei im Laufe der Erörterung ein gewisser Konsens erreicht wurde, dass die Kragen-unten-Position besser sei, denn sie gäbe entscheidende Sekundenvorsprünge beim nachfolgenden Bügelarbeitsgang.

Reiselektüre, drittes Buch

Das dritte Buch meiner Reiselektüre ist fertig und abgehakt, „Die Leiden des jungen Werthers", ein Sturm-und-Drang-Roman des Herrn Goethe. In Form eines Briefwechsels beschreibt das Buch den Verfall eines naiven Naturschwärmers[23] und selbstproklamierten Gelehrten einer besseren Klasse (er geht keiner Arbeit nach und hält sich Dienerschaft), der nicht fähig ist, einer geregelten Arbeit nachzukommen und der an den progressiven Symptomen manischer Depression leidet. Auch erste Anzeichen von Trinkertum werden beschrieben. Dieser Verfall wird ausgiebig besprochen und stellt die Substanz des Buches dar. Subjektiv wird der psychische Verfall ausgelöst durch unerwiederte Liebe zu einer fest im Leben stehenden Person („Lotte"), die verheiratet ist, und deren Mann, der ‚Geschäften nachgeht', einem Erwerbsleben zum Erhalt seiner Familie, also. Aus der Sicht des Autors ist das eine viel niedrigere Beschäftigung als die seines ungerichteten Nachdenkens und seiner ziellosen Wanderungen, – beides Symptome seiner Alkoholkrankheit. Erstaunlicherweise gilt das Buch als Welt-

---

[23] Die Not des Autors mit der Natur zeigt sich an vielen Stellen, z. B. wenn er es über winterlichen Überschwemmungen stürmen und regnen lässt und dazu den Mond scheinen, zwei unvereinbare Beobachtungen. U.v.a. dieser Unsicherheiten und Ungenauigkeiten in der Naturbeobachtung, die wohl im Studierzimmer und nicht in der Natur stattgefunden haben müssen. Es ist ebenfalls bekannt, dass der Autor auch mal kurz als Geologe dilettierte, allerdings ohne wissenschaftliche Folgen zu hinterlassen. Letztendlich hat man wenigstens ein Eisenmineral, den Goethit, zu seinen Ehren benannt.

literatur und wird oft Jahrgangsklassen pubertierender Jugendlicher vom Kurrikulum als Lektüre nahegelegt. Abgehakt.[24]

Im Suez Kanal, Fahrtrichtung Süden

Hier ist ungefähr die Halbzeit der Reise erreicht, in der Flugnavigation *point of no return* genannt, also der Punkt in der Route, von dem es näher zum Zielpunkt ist als zum Ausgangspunkt, der Moment, von dem man besser weiterfliegt als umzukehren. Von hier aus geht es nur noch nach vorne.

Vor der Einfahrt in den Kanal kommt ein Gefühl auf wie in einem „Pfadfinderlager der Schiffe", denn alle Schiffe, die den Kanal passieren wollen, sammeln sich auf Reede vor der Einfahrt – und warten. Auf allen Schiffen ist große Beleuchtung, Kamin (mit Banderole) und Schiffsnamen werden noch extra angestrahlt, denn man ist ja wer, hier kann man es zeigen. Dann, irgendwann im Laufe des Abends, kommt die Fahrtorder und eine Weile später der Lotse an Bord und es geht los. Anker werden gelichtet, dreißig Schiffe bilden einen Konvoi und fahren mit unglaublich langsamer Geschwindigkeit, fast tastend, fühlend, in den Kanal ein, brav eines nach dem anderen.

---

[24] Dazu noch der Kommentar des Hamburger Hauptpastors Goeze: „[Ein] Roman, welcher keinen andern Zweck hat, als das schändliche von dem Selbstmorde eines jungen Witzlings [...] abzuwischen, und diese schwarze That als eine Handlung des Heroismus vorzuspiegeln [...]. Und keine Censur hindert den Druck solcher Lockspeisen des Satans? [...] Ewiger Gott! Was für Zeiten hast du uns erleben lassen!" – Quelle: Goeze, J.M., 1775, Freywillige Beyträge zu den Hamburgischen Nachrichten aus dem Reiche der Gelehrsamkeit.

Suezkanal, Rotes Meer

Einfahrt in den Suez-Kanal im Konvoi, wir sind das dritte Schiff in der Reihe, Hapag-Lloyd (ironisch kommentiert als *God's Own Shipping Line*) segelt hinter uns. Leider ist es schon Abend geworden. Es wird nicht viel zu bestaunen und nicht viel zu fotografieren geben. Später sehe ich aus dem Fenster meiner Kabine in der Morgendämmerung auf einmal Sanddünen vorbeiziehen. Eine willkommene Abwechslung, anstatt immer nur auf den blauen Meerhorizont gucken zu müssen. Landsicht ist immer unterhaltsam, selbst wenn es nur Palmen und Dünen sind. Interessant, wie das Ostufer des Kanals, die Sinai-Halbinsel, praktisch menschenleer ist, während am Westufer Dörfer, Straßen und einzelne Häuser abwechseln, ein großes Hotel (in *Ismaïlia*) und dann wieder Palmen, eine Moschee, und Leute, die im Morgennebel ihre Unterhaltung darin suchen, im Kanal zu angeln.

Mittagspause im Großen Bittersee. Die Bitterseen, der Kleine und der Große, sind ein langgestrecktes, mit Salzwasser gefülltes Seebecken im Kanal zwischen dem nördlichen und südlichen Teil, zwischen den ägyptischen Ortschaften *Ismaïlia* und *asch-Schaluf*, gelegen zwischen Kanalkilometer 95 und 156.

Das Schiff rappelt und bockt und stoppt dann endlich. Ich dachte, das wäre der Lärm der Ankerketten, die hier im See notwendig sind, um das Schiff auf Position zu halten, werde dann aber beim Essen vom Maschinisten aufgeklärt, dass das ein schneller Stopp war, bei dem er die Maschine rückwärts laufen ließ. Ich bin erstaunt. „Ja, ja, das geht", versicherte er, „das Umschalten geht ganz schnell". Und weiter: „Die Anker sind so weit vorne, dass man den Radau, den sie machen, wenn wir sie fallen lassen, hier gar nicht hören kann". Wir ankern also gerade im Bittersee und über den Teller mit Tomatensuppe in der Messe hinweg kann ich sehen, wie sich das Schiff um den Ankerpunkt bewegt (schwojen, sagen sie dazu). Mal haben wir das unübersehbare Hotel im Blick, dann wieder andere Schiffe, die neben uns ankern. Die Pause im Bittersee ist notwendig, um den nordwärts fahrenden Konvoi abzuwarten. Und da kommen sie auch schon: Ein Tross von etwa dreißig Schiffen aller Art, Tanker, Containerfrachter, hässliche RoRo-Autotransporter, aber keine Kriegsmarine. „Gleich geht's los", meint einer der Offiziere und Minuten später spüre ich wieder die vertrauten Vibrationen von der Maschine. Das „Anker auf!" auf dem Vorschiff will ich mir lieber nicht ansehen, nachdem ich einmal auf einem Rig erlebt hatte, was passiert, wenn der Ankerjob schiefgeht und die Eisenteile wie Schrapnellsplitter durch die Luft fliegen.

Erwähnenswert sind auch die Händler (sprichwörtliche arabische Händler, allerdings ohne Teppiche), die hier mit dem Lotsen und der anderen Suez-Crew[25] an Bord kommen und im engen Korridor des ersten Decks ihre Waren auslegen. „Alles, was der Seemann so braucht", wurde mir vorher gesagt. Da wollen wir mal sehen: Socken im Sechserpack, Schraubenzieher und anderes Kleinwerkzeug, billige Tachenrechner, Telefonapparate (wo soll man die wohl hier anschließen?), T-Shirts (Hard Rock Café, Cairo), Angelutensilien, Onyx-Aschenbecher (aus Indonesien?), – ach lustig – kleine Pyramidchen aus gelbem Epoxy, Cheops (oder sein

---

[25] Für die Durchfahrt durch den Kanal ist es vorgeschrieben, einen Lotsen mitsamt seiner Crew an Bord zu nehmen. Am Bug des Schiffes werden riesengroße Scheinwerfer aufgebaut, die Kanal-Crew bekommt eine eigene Kabine, der Zugang zu den oberen Decks wird verschlossen – man weiß ja nie.

kleiner Bruder?) aus Porzellan, Kerzenständer aus Messing, die da figürlich abbilden, wie Frau Nofretete gerade ein Stearinlichtlein stemmt – und derlei Krempel mehr. All das erinnert mich gewaltig an Jakarta, wo direkt vor dem Hauptpolizeiamt fliegende Händler genau diesen absurden Mix an Waren im Sonderangebot haben („*I give you discount, mister*"). Euro werden von den arabischen Händlern genauso gern akzeptiert und abgerechnet wie Dollar – wir sind ja hier auf einer internationalen Wasserstraße - indonesische Rupiah und russische Rubel aber erst nach Rücksprache mit der Lotsenstation angenommen.

Ich denke daran, wie ich früher im Radio von der Gelben Flotte im Bittersee gehört hatte. Als Gelbe Flotte wurde eine Gruppe von 15 Schiffen bezeichnet, die von Juni 1967, nach dem Sechstagekieg bis Mai 1975 im Suezkanal festlagen. Der Name rührte von dem gelben Schimmer des Wüstensandes, der vom ständigen Wind auf die Decks der Schiffe geweht wurde. Im Kurzwellenradio kam damals eine Direktübertragung mit der Restmannschaft, die die Schiffe betreute. Es fällt mir schwer vorzustellen, wie die Seeleute so lange in dieser langweiligen Situation aushalten konnten.

Wir können nach einigen Stunden weiterfahren. Südlich der Bitterseen ist der Kanal breiter und wird noch weiter ausgebaggert, um noch mehr und noch größere Schiffe durchleiten zu können, denn der Kanal ist einerseits eine wichtige Geldquelle für Ägypten und für den Welthandel, trotz der Gebühren, eine bedeutende Abkürzung der Europa-Asien Seehandelsroute.

Bei der Ausfahrt aus dem Kanal, Port Suez, nach einem ganzen Tag, während dem man immer nur den Mors des Vorderschiffes betrachten musste, geht es zu, wie wenn die Schule aus ist: Die Maschine wird hochgefahren (Rauch, Vibration, Fahrtwind, Hurra!), Schiffe schwenken aus dem Konvoi aus, um zu überholen oder einen anderen Kurs aufzunehmen, *action*! Ich glaube auch, dass hier Privatrennen der Reedereien ausgefahren werden würden, Hapag-Lloyd gegen Laeisz, Hamburg gegen Rostock, wenn nicht, ja wenn nur nicht die Ankunftszeiten im nächsten Hafen schon seit Tagen festgelegt wären, für uns in etwa zehn Tagen, genau Nachmittag um drei, Ortszeit in Singapur, Hapag-Lloyd – nach uns.

Vom Golf von Suez zum Roten Meer, Kurs Süd

Gestern nur ein kurzer Eintrag, denn ich war extrem damit beschäftigt, praktisch alles Sichtbare bei der Suez-Durchfahrt zu fotografieren, mit und ohne Fernglas zu besehen, und – auch hier wieder – in alten Erinnerungen zu stöbern. Schon der Dünensand am Ufer des Kanals erinnerte mich an meine Zeit in Libyen, mein erster Auslandseinsatz, damals, vor genau zwanzig Jahren, als junger Erdölgeologe. Zwar tut man der Wüstenlandschaft sehr unrecht, wenn man sagen wollte, Sand sähe immer gleich aus und Düne ist Düne, nein, jedes einzelne Stück Wüste hat seine eigene Identität und oft seine eigene, trockene Schönheit. Aber die Gemeinsamkeiten meiner Erinnerungsdünen aus Libyen und diese Sandfelder entlang des Suezkanals waren doch stark genug, um Gedanken aus Libyen nochmals gedanklich zu besuchen.

Weiter, und recht überraschend, geschah noch Anderes: Gegen Abend, ich war dieses Mal auf der Brücke, um den Nautikern beim Schiff-fahren zuzugucken, während wir durch den Golf von Suez steuerten, kamen Gas-Fackeln und nicht viel später Öl-Rigs, Bohrschiffe und Produktionsplattformen in Sicht. Die digitale Seekarte neben dem Steuerstand des Wachoffiziers zeigte Namen wie *Belayim, Ras Furan, Abu Rudeis* und – zack – da war wieder die Erinnerung: Das war mein allererster Job, meine erste Arbeit als kleiner Trainee in einer großen Ölfirma. Damals, die allerersten Ölfelder im Golf von Suez waren gerade erst gefunden worden, mußte ich die Tagesberichte, die noch als Telex von diesen Bohrungen hereinkamen, abheften und daraus Wochenberichte für die Besprechungen meiner Bosse zu komponieren. Mit Zeichentusche und Geodreieck, dem damaligen Werkzeug der Schreibtischgeologen, kleine Kärtchen und Profile für meine Vorgesetzten malen. Mein Boss zeigte meine Bildchen als Transparentfolie bei der großen Freitagsbesprechung vor allen technischen Abteilungen und erklärte damit, welche Bedeutung der Bohrfortschritt der letzten Woche für die Zukunft unserer Firma haben würde. Und nun sah ich hier mit aller optischen Deutlichkeit und mit der zehnfachen Vergrößerung meines Fernglases, dass meine Arbeit von damals tatsächlich real und tangibel war und nicht irgendetwas, dessen Existenz nur zwischen Telexapparat und Aktendeckel bestand. Seltsam berückend, wie zum Beispiel dieses GG-Feld nun ganz nah an unserem Fahrwasser stand und wie genau ich mich erinnere, welche Schwierigkeiten ich damals hatte, die genauen Koordinaten dieser Bohrungen auf meine Kärtchen zu bosseln.

Und da stehen nun meine Werke. Nicht dass ich diese Felder gefunden hätte, bewahre, oder auch nur irgendwie wesentlich dazu beigetragen hätte, nein, aber wenigstens ist dort ein klitzekleines bisschen, meiner Hände Arbeit und meines Hinschmalzes mit verbaut worden, dort wo die Stahlplattformen über das Wasser ragen und die Gasfackeln in die Nacht und über unser Fahrwasser leuchten.

Durchfahrt durch das Rote Meer.

Das Rote Meer ist blau! – Nun, mal ganz ernsthaft, es ist ein schönes Binnenmeer, das Schiff liegt ganz ruhig und es ist überraschend, wenn man diesen schlanken Meereszipfel auf der Weltkarte betrachtet, wie breit er wirklich ist: Es gibt keine Landsicht, da ist nur blauer Horizont, der den wolkenlosen hellblauen Himmel vom dunkelblauem Meer trennt. Es ist angenehm warm, gerade richtig angenehm. Und weil sich selbst die weitgereisten Herren Seeleute auch nach langen Jahren des Fahrens dieser gemütlichen und einfältigen Schönheit des Ortes nicht verschließen können, wird heute Abend gegrillt! Es gibt genug Anlässe: Richtig, Donnerstag (*Seaman's Sunday*) und sowieso ist die Passage dieses Abschnittes traditionell und auf allen Schiffen (und das schließt angeblich sogar Hapag-Lloyd mit ein) genug Grund, eine Grillparty zu veranstalten. Ich glaube allerdings, der Hauptgrund, ausgerechnet hier auf der Route zu grillen, besteht darin, dass es hier verlässlich und vorhersehbar windstill ist. Auf Anweisung des Kapitäns gibt es heute Abend Bier, Sonnenuntergang und Steaks auf dem F-Deck. Die Situation ist skurril: In der Breite zwischen Medina und Mekka mampfen wir fette Schweinerippchen und trinken Schnaps dazu. Es mag gut sein, dass der Prophet für die Ungläubigen und ihren russischen Grillmeister beide Augen zugedrückt hat. Sonnenuntergang, etwas Abkühlung. Hapag-Lloyd ist noch unter dem Horizont, weit hinter uns.

Im Roten Meer in Breite Sudan, Kurs Süd

Ein anderer Tag. Die Grillparty von gestern mit Sonnenuntergang, mit großen Steaks vom dicken russischen Koch und der Jägermeister-Schnaps vom Kapitän, liegen mir heute noch schwer im Magen und auf den Gehirnwindungen, auch der Morgenkaffee entfaltet nur langsam seine erhoffte ernüchternde Wirkung. Das Wetter ist entsprechend: Extrem feucht und schwül, heiß, diesig und wenn man an Deck tritt, fühlt es sich an wie ein heißes, nasses Handtuch, Sauna. Selbst das Schiff muss hier langsamer fahren, denn die Einlauftemperatur des Seewassers zur Maschinenkühlung ist zu hoch (34,6° C, fast Badewannentemperatur), um volle Fahrt halten zu können. Die nächste größere Kursänderung ist *Bab-el-Mandep*[26], die Meerenge zwischen *Aden* und *Djibouti*, *Eritrea*, *Äthiopien* und Jemen, schon den Namen nach ein ganz, ganz elender Winkel dieser Erde. Wie ich vom Kapitän erfahre, werden wir einen etwas nördlichen Kurs, also näher an Jemen steuern, die Südroute wird „wegen möglicher Terroristen und daher von der Reederei nicht empfohlen", sagte er. Nun, gerade so als, ob das nicht genug wäre für einen einzigen Tag, bekomme ich heute die *grand tour*, die traditionelle Führung für

---

[26] *Bab-el-Mandep*, z. dt. „Tor der Tränen", bezeichnet nach der Erzählung die letzte Landsicht und das Vergehen der aller noch verbliebenen Hoffnungen für die Insassen der Sklavenschiffe früherer Jahrhunderte. Wir fahren Container.

Passagiere durch das Gebäuch des Schiffes, speziell durch den Maschinenraum. Der Einstieg geht durch den Kamin, sieben Decks nach unten. Auf einer Seite dicke Rohre, der Auspuff, sozusagen. Auf der anderen Seite ein steiler Treppengang, an dem selbst die Handläufe fast zu heiß sind, um sie fest anzufassen. Zu meinem Erstaunen ist alles blitzsauber, da ist kein Öl am Boden verkleckert, man könnte vom weiß gestrichenen Boden essen (nur liegt da nichts mehr). Dazu ist es heiß (keine Überraschung) und laut (Gehörschutz!). Zu sehen ist da allerlei Seltsames und Interessantes, grau oder weiß angestrichen, Schmierölpumpen, Bündel von dicken, dünnen und ganz dünnen Rohren und Röhrchen, Teile, die zu heiß sind, um sie anzufassen und andere, die ich auf Ermutigung des Chiefs, des Chefmaschinisten, anfassen soll, weil sie nicht so heiß sind. Dann die Hauptmaschine, neun Zylinder, eigentlich gar nicht so groß wie ich dachte, die Welle, die den Propeller antreibt (wir sind also hier weit unter der Wasserlinie), darum herum Lade-Turbos, Kompressoren, Radiatoren, Generatoren (für die Kühlcontainer auf Deck), die Müllverbrennungsanlage, die biologische Kläranlage (wir hinterlassen keine Spuren im Meer) und die Frischwasseranlage, die mittels Abgashitze der Motoren aus Seewasser Trinkwasser macht. Der oberste aller Ingenieure an Bord ist ganz begeistert von allem diesem Gerät, genial einfach gebaut, fast wartungsfrei. Ich lerne, dass das Bunkeröl, das die Maschine verbrennt, dickflüssig ist und der Tank geheizt werden muss, sonst fließt es nicht – dann ist der Ofen, der Motor, aus. Bei anderer Gelegenheit zeigt mir einer der Offiziere eine chemische Analyse des Öls, wie wir es in Hamburg oder Rotterdam an Bord genommen haben. Er fragt mich „Verstehen Sie das Zeug?" – Ich verstand sehr gut. Der Kraftstoff ist der letzte Dreck aus der Raffinerie, von ganz unten aus der Destillierkolonne, voll mit Schwermetallen und anderem giftigen Zeug, das besser auf dem Meer verbrannt wird. Entsorgung durch den Schornstein.

Wasser war das Stichwort. Nach über zwei Stunden gucken, hören, fragen, anfassen und loslassen bin ich betäubt und endlich beeindruckt genug, um entlassen zu werden. Wasser, diesmal von der kalten und *bruisenden* Art, bringt mich in meiner Kabine langsam in einen lebensnahen Zustand zurück.

Im Golf von Aden, Kurs Ost

Ein guter Morgen, gutes Wetter und die Piraten haben uns letzte Nacht erst mal in Ruhe gelassen. Anstelle dessen kam ein Radioanruf von einem Kriegsschiff (*coalition warship*), das nur auf dem Radar zu sehen war und das mit dickem französischem Akzent nach allen möglichen Einzelheiten fragte. Wenn es nur hilft, das Gewässer sicher zu halten. Wie lang unser Schiff denn sei, Fragen nach der Ladung („nur Container, keine Bomben für Herrn Saddam"), nach der Reederei ("L-a-e-i-s-z, soll ich das nochmal buch-sta-bie-ren?") nach den Passagieren und deren Nationalität, alles Mögliche. „Nein, keine Passagiere an Bord", ich staune (wieder einmal). Ich sehe den Wachoffizier staunend an und der deutet auf die POB-Liste (*persons on board*), da steht „Supern: 3" – „Das sind Sie und die Anderen". Wieder was gelernt: Das „Supern." ist keine Abkürzung für „Supernatural" (wie das Album von Santana), sondern bedeutet „*supernumerary*", Überzählige, Überflüssige, Leute halt, solche die halt auch mit dabei sind, aber keine sinnvolle Funktion auf dem Schiff erfüllen, wie zum Beispiel Rentner oder Ölgeologen auf Urlaubsreise.

Ein weiterer Durchbruch der Technik war, dass ich endlich mein Radio richtig mit der bordeigenen Kurzwellenantenne verbinden konnte und – nachdem ich Kabeldosen aufgeschraubt und repariert hatte – endlich wieder richtig die Nachrichten dieser Welt auf BBC oder auf der Deutschen Welle hören konnte. (Das Radioprogramm im Mittelmeer kam von der nahen Küste und über FM, meist in fremden Sprachen). Nun, wie ich da so meine persönliche Bastelstunde veranstalte, merke ich, wie ich schon voraus an Singapur und Jakarta denke, wie ich in Gedanken bereits wieder alles einpacke, meine Sachen ordne, und insgeheim wünschte, dass wir schon angekommen wären. Noch eine Woche bis Singapur, davon vier Tage auf hoher See, ganz ohne die Abwechslung der Landsicht und Handysignal und ohne große Hoffnung, anderen Schiffen zu begegnen und bei ihrer Reise zuzusehen.

Nördlich der Insel Socotra (Jemen), Indischer Ozean, Kurs Ost

Wie Kuchenteig: Gestern hat es gerollt, heute wird gestampft, und wie! Wir sind auf dem offenen Meer, das heute wieder mal ganz weit offen ist und zwar in Richtung Südwest. Die Wassertemperatur ist innerhalb von Minuten um mindestens 10 Grad gefallen, Wind und Wellen haben kräftig zugelegt, klatschen jetzt meterhoch und mit weißen Sprühhäubchen. Die ersten Pillen gegen Seekrankheit sind geschluckt, rein aus Vorsicht natürlich, aber vielleicht war das doch gar keine so schlechte Idee. Es ist ein recht beachtlicher Seegang und der nichtsahnende und unvorbereitete Schläfer, der mit der Verfolgung seiner Träume auf See beschäftigt ist, findet sich während so einer Nacht rollend in allen undenkbaren Ecken seines Bettes, verstrickt in Bettzeug und verstreut zusammen mit Weckern, Reiseradios, Rasierschaum, Lesebrille, Taschenlampe und anderem Zeug, das abends noch ungesichert auf dem Nachtkasten neben dem Bett herumlag. Nun, in enger Umarmung mit der randlichen Schlingerkannte, dem Brett, das verhindern soll, dass man gänzlich aus dem Bett fällt, brachte ich die Nacht hinter mich. Ich bin mir aber sicher, dass, wenn ich die Morgentoilette hinter mich gebracht habe und endlich in der Ecke mit dem Speigatt geduscht habe, dass ich dann in die O-Messe turnen werde und dies mit der festen Absicht, dort ein volles Frühstück zu mir zu nehmen und bei mir zu behalten. Ging auch in Ordnung. Das Mittagessen auch. Bleibt noch die Aufgabe, dies alles per Kamera so zu dokumentieren, dass es wirklich so wild aussieht, wie es tatsächlich ist (oder wie ich es empfinde) und nicht nur als harmlose Wellen in irgendeinem Meer mit einem Schiffchen obendrauf.

Für heute ist noch zu erwähnen, dass ich, als ich um das Schiff herum gelaufen bin, um Bilder zu machen, wilde Geräusche hörte. Ein kreischend-klopfendes Geräusch, das niemals abbricht, so lange stärkerer Seegang ist, wie Möbelrücken, dauerndes stumpfes Schreien des Schiffes, wenn es da rollt und stampft und sich dabei die Container in den Ladeluken aneinander reiben, Stahl gegen Stahl, laut und grausam schmerzhaft, so als ob in jeder Ladeluke ein todkranker Dinosaurus festgekettet und obendrein noch seekrank wäre. Eine ganz schaurige Melodei.

Heimweh?

Es gibt wenig zu berichten. Graues Wetter, nicht hässlich, aber eben auch nicht blauer Südseehimmel. Ein Witzbold, wahrscheinlich der Erste, hat mir die Wettervorhersage unter der Kabinentür durchgeschoben:

> „Über der gesamten nördlichen und südlichen Hemisphäre, einschließlich der angrenzenden Seegebiete, besteht im Vorhersagezeitraum ein Himmelsbild. Diverse Druckgebilde unterschiedlicher Intensität sind bei genauerem Hinsehen erkennbar. Sie entwickeln sich im Verlaufe ihrer Bewegungen. Zeitweise und örtlich unterschiedlich kann Windstille oder Wind aus verschiedenen Richtungen nach Beaufort auftreten. Die Seegangsbedingungen sind natürlich dementsprechend".

Kurzum, es ist alles möglich. Man wird sehen müssen, wie es sich entwickelt, nachdem es gestern doch recht zünftig zugegangen war, oder liegt es daran, dass ich mich an diese Bewegungen, das Rollen und das Stampfen so weit gewöhnt habe, dass ich es fast nicht mehr bemerke?

Indischer Ozean, noch tausend Meilen bis Sri Lanka, Kurs Ost

Ein wichtiger Punkt auf dieser Strecke kommt morgen oder übermorgen früh auf uns zu: *Dondra Head*, die Südspitze von Ceylon, etwa 90 Grad Ost. Bei Überquerung dieser Breite hatte ich mir vorgenommen, mit dem Rauchen aufzuhören. Immerhin, endlich wieder Sicht auf Land und – noch wichtiger – wahrscheinlich auch die Gelegenheit, eventuell mit dem Handy kurz in der Welt herumzutelefonieren. Und von hier aus sind es dann nur noch ein paar Tage bis Singapur – und dann Jakarta. *Sailing home!*

Im Indischen Ozean, Acht-Grad-Kanal, noch 400 Meilen bis Colombo, Kurs Ost

Nichts Neues, was da von unterwegs zu erzählen wäre: Gutes Wetter, trotzdem eine lange Dünung, die das Schiff rollen lässt, was dem Schlaf inzwischen eigentlich recht gut tut, wenn man sich nur einmal dran gewöhnt hat. Dann, heute Morgen, die Durchfahrt durch den 8-Grad-Kanal, eine Passage durch eine Inselgruppe westlich Indiens. Nichts zu sehen, die Inselchen müssen schon recht klein sein. Ich muss schon sagen, dass sich die lange

Strecke durch den Indischen Ozean doch recht lang zieht, kein Land zu begucken, keine anderen Schiffe, nur Wellen und Himmel. Immerhin zeigen sich die ersten Monsunwölkchen und die Luft ist warm und mild. Es ist schwer zu beschreiben, diese Wolken sehen so aus wie über dem Busch von Kalimantan: Hohe Cumulus-Türme, die aber trotzdem ruhig und friedlich dastehen, vielleicht mit ein wenig Wetterleuchten in der Ferne. Noch vier Tage bis Singapur, fünf Tage bis nach Hause.

Dondra Head, Sri Lanka, unterwegs weiter in Richtung Osten

Dondra Head ist ein wichtiger Navigationspunkt im Indischen Ozean und liegt an der Südspitze von Sri Lanka, in der Nähe von Colombo. Hier ist eine kleine Kursänderung fällig, um genau an der Nordspitze Sumatras (*Pulau Weh*) anzukommen. Lange genug habe ich auf *Dondra Head* gewartet, denn von hier aus sind es nur noch ein Tag, vierzehn Stunden und dreizehn Minuten (nach meiner privaten Navigation), bis wir in die Straße von Malacca einfahren, die erste Landsicht auf Sumatra, Indonesien. „Von hier aus können wir dann nach Geruch fahren", sagt der Erste. Und dann bald daheim.

Dondra Head, der lang erwartete Wegpunkt, kam am Morgen, kurz vor dem Frühstück. Sicht auf Land. Endlich wieder telefonieren, hören, ob daheim alles in Ordnung ist, wieder die vertraute Stimme hören. Es klappt. Auch im Radio, UKW, war endlich wieder mal Musik, ein flottes modernes Programm mit englischer Sprache zwischen den Songs, eine schöne Abwechslung nach dem ewigen Kassida-Gedudel der arabischen Sender, das uns fast für eine Woche begleitet hatte. Noch besser heute: Ich habe meine ersten Wale gesehen. Aus meinem Kabinenfensterchen sah ich die typischen Gischt-Fontänen der Atmung, meterhoch über die Wellen spritzend, und dann – mit dem Fernglas – auch einen dunklen Rücken. Wale, tatsächlich! Alles im Reisepreis inbegriffen und jeden einzelnen Euro des teuren Fahrpreises wert.

Für den, der genau mitgelesen hat, zeigt es sich spätestens hier, dass ich noch ein viertes Buch zwecks Unterhaltung gekauft und auf diese Reise mitgenommen habe und von dem ich aber noch nichts geschrieben habe. Stimmt schon – aber: Abgesehen davon, dass ich es als Unterlage für das GPS-Gerät am Kabinenfenster brauchte, muss ich sagen, dass meine Lesebegeisterung der ersten Tage zum Ende der Reise abgeraucht ist. Ich ertappe mich, wie ich kleine Listen und Eintragungen in mein Tagebuch schreibe, was alles zu tun sei, wenn ich in Jakarta ankomme, was zuerst, was später und was irgendwann, da leicht verschiebbar oder nicht wichtig. 'Auf Irgendwann verschieben', engl.: *procrastination,* – warum gibt es im Deutschen denn kein Wort dafür? Weiter finde ich zunehmend Gefallen daran, einfach an den Horizont zu sehen, Wolken zu betrachten und dem einen oder anderen Gedanken nachzuhängen. Das sind schöne, ruhige Momente. Ohne Buch.

Andaman Sea, West von Sumatra, Kurs Ost

Noch drei Tage. Wieder haben wir die Uhr eine Stunde vorgestellt und sind jetzt auf Jakarta-Zeit, sieben Stunden vor Greenwich. Also lange kann es ja jetzt nicht mehr dauern, bis ich zu Hause bin. Wesentliches Ereignis dieses Tages – ein kleiner Schritt für die Menschheit, ein großer Schritt für mich – ich habe gestern meine letzte Zigarette geraucht und heute noch keine einzige. Die Absicht ist, dass das so weitergehen soll. Nun, nichts Besonderes mag einer sagen, mag schon sein, aber ich freue mich schon über diesen ersten und bislang einzigen Tag des Durchhaltens. Also, seit neunzig Grad Ost, seit etwa Sri Langka, gibt's keinen Tabak mehr. Ich hoffe, es wird für irgendwas gut sein.

Was gibt es sonst noch östlich von 90 Grad? Schönes Wetter, Schiffe wie Autos auf dem Ku'damm, jede paar Minuten kommt irgendetwas Schwimmendes vorbei, leere Tanker, volle Tanker (die tief im Wasser liegen), klassische Stückgutfrachter mit Ladegeschirr, jede Menge Containerfrachter und gelegentlich der eine oder andere kleine und rostige Frachter, gerade vielleicht dreißig Meter lang und schief, mit Schlagseite im Wasser liegend, jene Art von Schiffen, die man im Fernsehen sieht, wenn von Flüchtlingen und Menschenschmuggel die Rede ist. Die Mehrzahl davon trägt Schiffsnamen in chinesischen Schriftzeichen.

Aber zunächst passiert erst mal gar nichts. Wir driften, die Maschine abgeschaltet und ohne Anker irgendwo nördlich von Sumatra. Grund? Wir sind wieder mal zu früh dran. Fahrzeit bis zu unserer geplanten Ankunft in Singapur sind gerade noch achtzehn Stunden, vorher geht's nicht, vorher ist kein Liegeplatz frei. Später auch nicht. Selbst Hapag-Lloyd fährt an uns vorbei und auch der langsame japanische Tanker, den wir gestern früh überholt hatten, ist wieder zu sehen. Es ist eben besser hier, bei Tageslicht und in relativ friedlichen Gewässern ein wenig herumzuhängen und zu warten, anstatt zu langsam und dann noch bei Nacht durch die Malacca-Straße zu fahren, denn diese Seestraße gilt als das schlimmste Piratengebiet der Welt. Besonders schlimm dabei ist, dass auch das Militär gewisser Anliegerstaaten – wir wollen ja hier nicht mit dem Finger zeigen – hierbei mitmacht, tagsüber als Marine aufpasst, und nachts als Piraten den Sold aufbessert. Wir werden also mit vollem Dampf und allem Schmackes, der aus allen neun Zylindern zu holen ist, und mit höchstmöglicher Geschwindigkeit (etwas mehr als 26 Knoten) durch dieses Gebiet fahren und hoffen, dass unsere Geschwindigkeit und das hohe Freibord die bösen Leute genug abschreckt und diese dann nach dem St.-Florians-Prinzip[27] von unserem Dampfer ablassen und sich eine leichtere Beute suchen. Andererseits habe ich bei dieser schnellen Fahrt auch schon Lotsenboote längsseits gesehen und Lotsen, die ohne Schwierigkeiten bei sechsundzwanzig Knoten übersteigen.

Malacca Straße zwischen Sumatra und Malaysia, Kurs Südost

Die Türen, Fenster und sonstigen Öffnungen sind verstärkt und kaum mit Hammer oder Axt zu durchbrechen. Die einzigen Schwachstellen sind die Türen an der Brücke, die aus einfachem Fensterglas gemacht sind. Außerdem werden alle Türen verrammelt, und so lange

---

[27] Das Sankt-Florian-Prinzip bezeichnet Verhaltensweisen, potentielle Bedrohungen oder Gefahrenlagen nicht zu lösen, sondern auf andere zu verschieben. „Heiliger Sankt Florian / verschon' mein Haus / zünd' and're an!" Die englischsprachige Entsprechung ist *nimby*, ein Akronym für „*Not in my backyard*".

Heimweh?

es noch dunkel ist, alles abgedunkelt (bis auf die notwendigen und vorgeschriebenen Fahrlichter, natürlich), und dann Augen zu und durch.

Mein letzter Tag und meine letzte Nacht auf dem Schiff, morgen Nachmittag erreichen wir Singapur, mein Hafen, um abzusteigen. Eine kleine Feinheit der Sprache, die ich hier gelernt habe: Seeleute aus den Neuen Bundesländern ‚steigen auf' oder ‚steigen ab' wenn sie an Bord gehen oder ein Schiff nach der Reise verlassen, Wessis ‚steigen ein' oder aus. Also was mich anbetrifft, werde ich in Singapur von der Punjab Senator ‚absteigen', das ist mit bei dieser Reise soweit schon klargeworden. Einfahrt in den Hafen von Singapur, Abendlichter. Die Piraten in der Straße von Malacca haben uns freundlicherweise auch in Ruhe gelassen, kein Überfall, bei dem den Menschen ihr Bargeld und ihre Armbanduhr gestohlen wird, es fehlt niemand und Containerkistchen sind auch keine geklaut worden.

Eine recht kuriose Überraschung kommt aber doch an diesem Morgen. Über den Seefunkdienst auf Ultrakurzwelle kommt von der Küste eine Warnung, erst in indonesischer Sprache, dann noch mal auf Englisch, sinngemäß: „Bitte Vorsicht, da sind Menschen im Wasser, die anlässlich einer Feier die Straße von Malacca schwimmend durchqueren", man möge doch bitte entsprechend aufpassen, ein paar Boote seien auch dabei, um die Gruppe der Schwimmer auf ihrem Weg von Sumatra zur Malaiischen Halbinsel zu begleiten und zu sichern. Die Leute haben wirklich Nerven und keine Vorstellung, was für ein gefährliches Unterfangen sie hier betreiben, denn es ist für große, schnelle Schiffe praktisch unmöglich, so einer Gruppe auszuweichen. Wir sind ihnen dann doch nicht begegnet.

Die Hafeneinfahrt in Singapur – mit dem Lotsen an Bord – ist stundenlang und ganz, ganz langsam, wahrscheinlich schwierig. Mit ganz wenigen Knoten Geschwindigkeit, praktisch Fußgängertempo, fährt das Schiff stundenlang im Süden an der Stadt vorbei, backbords ein Spektakulum von Lichtern der Stadt, von den beleuchteten Hochhäusern, aber auch Bojen, Navigationslichtern und der Widerschein aller Lichtquellen auf dem glasglatten Wasser. Ich fühle mich fast wie zu Hause. Diese Reise ist gut verlaufen, bestes Wetter, nette Menschen, keine Zwischenfälle.

Angekommen – aber noch nicht zu Hause

Singapur, Hafen, Hotel

So. Fertig. Ende der Reise, fast. Wir kommen spätabends im Hafen von Singapur an und die Liegezeit reicht aus, um noch eine letzte Nacht auf dem Schiff zu schlafen. An diesem Abend ergibt sich auch die Gelegenheit, mich vom Chiefsteward zu verabschieden. Nicht nur, dass er mir immer freundlich das Tagesmenü vorgeschlagen und dann serviert hat, sondern auch, dass er meine Kabine jeden Tag vormittags aufgeräumt hat. Meine Reisebürofrau hat mich gut vorbereitet und ich weiß, dass am Ende der Fahrt ein Trinkgeld für den Steward fällig ist, ein bestimmter Betrag pro Reisetag. „Beachten Sie, dass nur Dollar und Euro an

Bord akzeptiert werden", stand in ihrer FAQ-Broschüre. Ich gebe ihm noch meine restlichen Batterien, die den Mann noch mehr freuen als die Euroscheine.

Der Kapitän – stets um seine Passagiere besorgt – ruft mich an, ich bekomme meinen Pass und mein gelbes Impfbuch zurück und er organisiert mir noch einen Kleinbus vom Hafenagenten der Reederei, der mich morgen früh, samt Gepäck vom Schiff zum Hotel (gerade per Telefon gebucht) in der Mitte der Stadt bringen wird. Der ‚*master*' und seine Nautiker sind alle hochbeschäftigt, um alles Mögliche zu organisieren, was im Hafen erledigt werden muss. Kurzer Abschied „Gute Reise, immer eine Hand breit Wasser unterm Kiel…". Die Kräne haben angefangen, die Kisten ab- und aufzuladen und lassen dabei den vertrauten Lärm hören. Ein großer Kiribati trägt mein Gepäck herunter, ich gebe ihm meine letzten Tafeln Ritter-Sport Schokolade. Ich glaube, er freut sich darüber.

Singapur ist wie immer, geschäftig, glitzernd, aber belanglos, aber immerhin festes Land. Die Fahrt vom Hafen ist kurz, Kontrolle (nochmal den Pass zeigen, denn der Einreisestempel vom Hafen wird am Flughafen bei der Ausreise gebraucht), dann zwei, drei Kreuzungen und schon fahren wir auf der *Orchard Road* entlang, ganz in der Stadtmitte.

Entgegen der Voraussagen der echten Seeleute, fühlen sich die Schritte an Land kaum anders als an Deck, nur ein paar Schritte und schon ist wieder alles normal. Fast fühle ich mich um den Nachgeschmack dieser Reise betrogen.

Nachbetrachtung

Diese Stelle fand ich in Goethes ‚Werther[28]‘, dem dritten Buch meiner Seereiselektüre:

> „Es ist mit der Ferne wie mit der Zukunft! ein großes dämmerndes Ganzes ruht vor unserer Seele, und wir sehnen uns, ach! unser ganzes Wesen hinzugeben, […] Und ach! Wenn wir hinzueilen, denn das Dort nun Hier wird, ist alles vor wie nach, und wir stehen in unserer Armut, in unserer Eingeschränktheit, und unsere Seele lechzt nach entschlüpftem Labsale. So sehnt sich der unruhigste Vagabund zuletzt wieder nach seinem Vaterlande, und findet in seiner Hütte, an der

---

[28] Goethe, J.W.: Die Leiden des jungen Werther. - Weygand, Leipzig, ["zweyte ächte Auflage"], 1775.

Brust seiner Gattin, in dem Kreise seiner Kinder, in den Geschäften zu ihrer Erhaltung, die Wonne, die er einst in der weiten Welt vergebens suchte".

Ich lasse das mal so zum Ende meines Briefes, einfach mal so stehen. Ihr könnt das ja mal weiterspinnen oder fertigdenken oder verwerfen, wenn Ihr wollt.

Ende.

Das war's